KB267951

마흔, 달려야 산다

마흔, 달려야 산다

1판 1쇄 인쇄 2026. 1. 12.
1판 1쇄 발행 2026. 1. 26.

지은이 이준호

발행인 박강휘
편집 박익비 | 디자인 thiscover | 마케팅 김새로미 | 홍보 강원모
발행처 김영사
등록 1979년 5월 17일(제406-2003-036호)
주소 경기도 파주시 문발로 197(문발동) 우편번호 10881
전화 마케팅부 031)955-3100, 편집부 031)955-3200 팩스 031)955-3111

값은 뒤표지에 있습니다.
ISBN 979-11-7332-453-6 03190

홈페이지 www.gimmyoung.com   블로그 blog.naver.com/gybook
인스타그램 instagram.com/gimmyoung   이메일 bestbook@gimmyoung.com

좋은 독자가 좋은 책을 만듭니다.
김영사는 독자 여러분의 의견에 항상 귀 기울이고 있습니다.

마흔,
달려야 산다

나의 가능성을 끌어올리는
운동 습관의 힘

이준호 지음

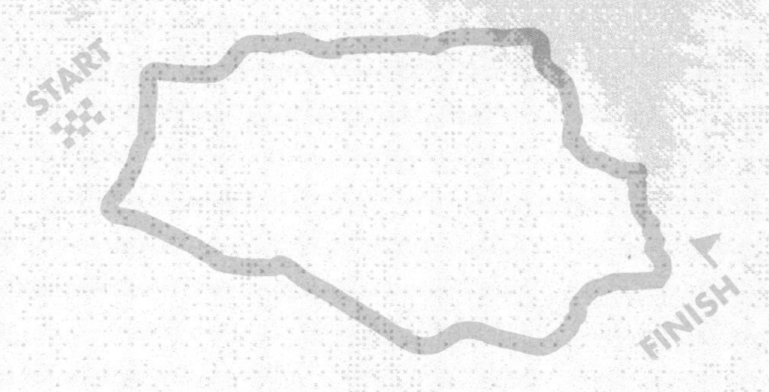

김영사

마흔, 누가 늦었다고 하는가?

치과의사이자 남편 그리고 아버지. 이 세 단어는 나를 정의하는 수식어들이다. 여기에 하나를 더 보탠다면, 그것은 바로 '철인', 즉 아이언맨Ironman이다. 내 인생에서 가장 잘한 일을 꼽으라면, 철인 3종 대회에 나간 일이다. 두 번째로는 그 결심을 8년째 꾸준히 이어온 일이다.

나는 운동을 하며 단지 체력만 키운 것이 아니라, 삶에 대한 의욕과 자신감도 함께 얻었다. 불평하거나 핑계 대지 않고 행동하는 법을 배웠고, 생각에만 머물지 않고 실천으로 옮기는 태도를 익혔다. 몸이 깨어나자 생각이 정리되었고, 행동이 단단해지자 삶이 움직이기 시작했다. 운동은 위기의 순간마다 나를 구해주었고, 새로운 도전을 감당할 수 있도록 내면의 근육을 길러주었다.

특히 40대에 접어들면서, 운동이 필요한 이유와 그 가치를 더욱 느끼게 되었다. 어릴 때는 운동을 재미로 했지만, 이제 운동은 단순한 취미가 아니라 '삶을 버티고 이끄는 힘'이 되었다.

어느 세대든 나름의 고민이 있겠지만, 마흔은 이전과는 다른 차원의 중압감이 시작되는 시기다. 인생의 주기에서 40대는 책임과 역할이 가장 무겁게 주어지는 때이기도 하다. 가정에서는 자녀를 양육하는 동시에 부모를 부양해야 한다. 직장에서는 중간관리자로 중요한 의사결정과 책임을 맡는다. 해야 할 일은 끊임없이 밀려오는데, 쉴 틈은 좀처럼 주어지지 않는다.

그에 반해 몸은 예전 같지 않다. 체력은 눈에 띄게 떨어지고, 노화가 체감된다. 쉽게 피로해지고, 회복도 더디며, 이유 없이 여기저기에서 통증이 찾아온다. 더 나아가 '이제 인생을 절반쯤 살았구나' 하고 자각하면서, 삶의 유한함이 서서히 피부에 와닿는다.

이처럼 마흔은 체력과 건강의 분기점이자, 삶의 방향을 다시 설계할 전환점이다. 몸과 마음이 눈에 띄게 갈라지는 시기다. 내리막을 타느냐, 다시 도약하느냐를 결정짓는 갈림길에 선다. 이 시기에 '운동을 하느냐, 하지 않느냐'는 앞으로의 건강과 삶의 질을 뚜렷하게 가르는 요인이다.

그렇기 때문에 마흔에 운동 습관화가 중요하다. 몸과 마음에 긍정적인 자극을 주면, 삶은 전혀 다른 궤도로 나아간다. 운동은 단순히 체력을 키우는 데 그치지 않고, 삶의 자세와 태도, 나아가 인생의 방향까지 다시 정립하게 만들어준다.

"평생 운동이라곤 안 해봤는데, 이제 와서 할 수 있을까요?"

"저는 원래 운동 체질이 아니에요."

"의지가 약해서 금방 포기하곤 해요."

많은 사람이 이런 말을 하며 운동을 망설인다. 하지만 용기를 내어 운동을 시작한 사람들은 하나같이 이렇게 말한다.

"진작 할걸 그랬어요."

50대가 되면 "40대에 할걸…" 하고 후회한다. 더 나이가 들면 "그때라도 해볼걸…" 하고 아쉬워한다. 그러니 지금 이 순간이야말로 가장 빠른 시작이 될 수 있다.

지금 운동을 향한 내 끈기와 신념은 수많은 실패와 포기를 거치며 후천적으로 길러낸 훈련의 결과다. 그 과정에서 나는 한순간의 열정보다 작지만 꾸준한 반복이 힘이 더 크다는 사실을, 운동을 하며 몸으로 익혔다.

마흔이 되면 그동안 잘 살아왔음에도, 문득 사는 일이 버겁게 느껴지고, 남은 인생을 어떻게 살아야 할지 막막해지는 순간이 온다. 그렇게 생각이 많아지는 시기에는 '운동을 하라'고 권하고 싶다. 우리의 육체는 종종 정신적 고민의 해답을 알고 있기 때문이다. 몸을 움직이면 내면에서 불씨가 다시 살아나고 멈췄던 삶이 다시 뛰기 시작한다. 이것은 이론이 아니라, 내 경험에서 우러나오는 조언이다.

이 책에 운동하면서 얻은 깨달음, 운동을 지속하는 방법, 운동을 하면 일상과 삶에 어떤 변화가 일어나는지 모두 담았다. 내 경험에서 비롯되었지만, 단순히 내 이야기로만 그치지 않을 것이다. 오늘을 치열하게 살아가는 우리 모두의 이야기일지 모르겠다.

이 책은 총 다섯 개의 장으로 구성되어 있다.

1장에서는 내가 운동을 하며 어떤 변화와 회복을 경험했는지 이야기한다. 흔들리던 시기에 운동이 어떻게 나를 다시 붙잡아주었는지 솔직하게 담았다.

2장에서는 운동이 어떻게 삶이란 레이스를 완주하게 하는지 다룬다. 흔들리는 자존감, 번아웃의 그림자, 노화에 대한 불안, 가족과 일 사이에서 균형을 잡고 싶은 마음까지 우리가 매일 마주하는 현실적 고민에 운동이 어떤 해답을 주는지 보여준다.

3장은 생활 속에서 운동 습관을 만드는 방법을 이야기한다. 어떻게 운동 시간을 확보하고, 습관화할지 그 해답을 찾기 위해 직접 시도해본 전략들만 담았다.

4장은 이제 막 운동을 시작하려는 이들을 위한 안내서다. 걷기부터 러닝, 철인 3종까지 입문에서 도전으로 나아가는 과정을 친절하고 현실적으로 풀었다. 나의 경험과 더불어 실제 전문가들의 조언을 더해 완성도를 높였다.

마지막 5장에서는 나이에 상관없이 자신만의 속도로 운동을 다시 시작할 수 있도록 용기를 전하고자 했다.

운동을 하는 사람과 하지 않는 사람의 차이는 단지 몸의 차이가 아니다. 그것은 '어떻게 나이 들어갈 것인가'에 대한 태도의 차이다. 마흔은 결코 늦은 시기가 아니다. 오히려 인생의 방향을 새로 잡기에 가장 적절한 순간이다.

이 책이 당신의 인생 후반전을 준비하는 출발선이 되길 바란다. 당신의 몸이 달리기 시작하면, 삶도 다시 앞으로 나아갈 것이다.

차례

프롤로그 | 마흔, 누가 늦었다고 하는가?   5

1장.   당당한, 마흔은 달린다

: 더 늦기 전에 바로잡아야 할 몸과 삶의 균형

나는 왜 다시 달리기 시작했을까   17

감정을 흘려보내는 가장 솔직한 방법, 러닝   21

번아웃으로 무너진 마음을 일으킨 단 한 걸음   25

온전히 '나'에게 집중하는 시간   31

바깥이 아니라, 내면과 본질로 향하는 운동   36

지금이 아니면 안 되는 이유   42

2장. 인생을 완주할 체력이 있는가
: 마흔 이후의 삶이 체력에서 갈리는 이유

마흔, 몸이 먼저 신호를 보내기 시작할 때   49

끝까지 버텨본 사람만이 아는 성취감   54

자존감은 생각이 아니라 체력에서 나온다   59

당신은 지금보다 더 강해질 수 있다   65

운동은 나를 단련시키고, 가족은 나를 지탱한다   71

일의 밀도와 집중력을 높이고 싶다면   77

노후 대비, 돈보다 먼저 준비해야 할 것   83

마흔, 무엇이든 다시 가능해지는 시점   88

3장. 이제 운동은 선택이 아닌 생존의 문제
: 바쁜 일상에 운동을 끼워 넣는 현실적인 전략

작심삼일을 끝내는 유일한 방법   95

루틴의 힘: 의지는 배신해도 습관은 남는다   100

운동을 포함해 하루를 다시 짜다   106

시간이 없어서 못 한다는 말의 진실   111

지금 이 순간을 선택하는 연습   117

작은 기본을 쌓는 사람이 결국 이긴다   121

잘 쉬는 사람이 오래 달린다   127

4장. 재미를 찾는 순간, 운동은 습관이 된다
: 걷기부터 러닝, 철인 3종까지 수준별 운동 가이드

나에게 맞는 운동을 찾는 세 가지 질문　135

그럼에도 내가 '달리기'를 권하는 이유　139

두 달 완성! 왕초보를 위한 '뛸 수 있는 몸' 만들기　144

빠를 필요 없다: 초급자를 위한 슬로 조깅　148

욕심이 난다면: 중급자를 위한 러닝 가이드　152

기록 향상을 향하여: 상급자를 위한 마라톤 훈련 전략　156

철인 3종 대회에 도전하고 싶다면　159

철인 3종, 수준별 완벽 가이드　162

철인 3종을 위한 수영: 초급부터 상급까지　170

혼자 할까, 함께할까: 철인 3종 동호회에 관하여　176

대회 참가를 권하는 진짜 이유　180

함께 달리면 끝까지 간다　186

5장. 인생의 레이스는 아직 끝나지 않았다
: 백 세 시대, 삶의 활력을 100퍼센트로 끌어올리는 법

젊은 중년, 전력 질주해도 괜찮은 이유   193

도전은 나이를 묻지 않는다   198

말보다 행동, 고민보다 한 번의 실천   203

넘어져도 일어나 다시 뛰는 용기   207

겨울에 움직인 사람만이 봄에 피어난다   217

나의 롤 모델은, 10년 후의 나   220

에필로그 | 몸도, 삶도 달려야 산다!   224

참고 문헌   228

1장

당당한,
마흔은 달린다

: 더 늦기 전에 바로잡아야 할
몸과 삶의 균형

나는 왜
다시 달리기 시작했을까

2018년 전까지만 해도 내가 42.195킬로미터 마라톤을 뛸 거라곤 상상도 못했다. 아니, 이해하지 못했다. 왜 굳이 고통스럽게 그 긴 거리를 달린단 말인가. 하지만 사람 일이란 모르는 법이다. 불가능하리라 생각했던, 상상조차 하지 않던 일이 현실이 되었다.

원래 운동은 꾸준히 했기 때문에 체력은 어느 정도 자신했지만, 장거리 달리기는 전혀 다른 세계였다. 아이러니하게도, 정신적으로도 육체적으로도 가장 지쳐 있던 그 시기에 달리기가 내 삶으로 들어왔다.

10대와 20대 시절, 나는 미국에서 치열하게 공부했다. 그러다 2012년, 만 스물일곱 살에 귀국해서 군 복무를 마치고 한국에서 치과의사 면허를 취득했다. 학연도, 지연도, 배경도 없는 상황에서, 단지 더 큰 임상 경험과 배움을 얻고 싶다는 갈망 하나로 결정한 일이었다.

그 뒤로 봉직의로 일하다가 2016년에 치과를 개원했다. 개원했을 초기엔 자신 있었다. 진료만 잘하면 치과 경영은 문제없다고 생각했다. 하지만 현실은 달랐다.

나는 라미네이트와 임플란트, 심미 치료를 중심으로 하는 치과의사다. 이 분야는 정확성, 공감력, 정밀한 소통 능력을 요한다. 하루 종일 초긴장 상태로 일할 수밖에 없다. 게다가 인사 관리, 세무, 마케팅 등 진료 외적으로도 압박받는 요인이 많다.

여느 때와 똑같이 모든 힘을 쏟아낸 어느 날이었다. 그날은 왠지 더 피곤했다. 온몸이 너덜너덜해지고 기가 다 빨린 기분이었다. 바쁘게 사는데, 정작 나는 어디로 가는지 모르겠고, 몸도 마음도 지쳐 있었다. '쉬고 싶다', '혼자 있고 싶다'라는 생각뿐이었다.

공허하고 답답한 마음에 밤바람을 쐬며 정처 없이 걸었다. 걸음은 자연스레 빨라졌고, 시간이 조금 지나자 어느새 나는 달리고 있었다. 운동화를 신지도 않았고, 뛰겠다고 작정도 하지 않았던 밤이었다. 고요한 밤거리에 내 숨소리가 낯설게 들렸다.

이상하게도 그 순간, 숨통이 트이고 긴장이 서서히 풀렸다. 땀이 흐르면서 싱숭생숭한 마음속 무언가도 함께 흘러내리는 듯했다. 의사 가운도 온갖 장비도 던져버리고, 오로지 내 두 다리로 달리면서 자유를 느꼈다. 본연의 나를 회복하는 기분이 들었다.

달리며 나를 회복하는 시간

그날 이후, 달리기 시작했다. 당시에는 러닝 크루가 많지 않았고, 러닝을 하는 지인도 없었기 때문에 러닝 수업을 수소문해서 등록했다. 처음엔 10분, 15분을 달리다가 점점 시간을 늘려갔다. 기록을 신경 쓰기보다, 그저 나를 회복하고 싶다는 마음으로 달렸다. 그렇게 달리기는 내 삶의 일부분이 되었다.

이제는 진료를 끝내고 병원 문을 나서는 순간, 운동을 시작한다. 철인 3종 훈련을 하러 가기도 하고, 날씨가 좋으면 7킬로미터를 뛰어서 퇴근한다. 운동을 하며 몸을 어떻게 움직여야 하는지, 어떻게 회복해야 하는지 알게 되었다. 이제 운동은 나에게 습관을 넘어 마음을 다잡고 내일을 준비하는 의식이다.

이렇게 질문하는 사람이 많다.

"운동하면 더 피곤하지 않나요?"

나도 처음엔 그렇게 생각했다. '업무를 끝내고 나면 온몸이 천근만근인데, 운동보다 차라리 쉬는 게 낫지 않나' 하는 생각이 들 수밖에 없다. 그러나 직접 몸을 움직여보면 안다. 힘들수록 운동은 더욱 필요하다.

운동은 몸의 피로를 더하는 게 아니라 몸을 순환시킨다. 그리고 마음을 회복하는 과정이기도 하다. 운동을 하면 오히려 머리가 맑아지고 숨이 트이고 감정이 정돈된다. 그렇게 몸과 마음이 가벼워진다.

물론 힘들 때도 있다. 그러나 그 불편함을 이겨낸 날은 반드시 보상을 받는다. 운동을 마치고 샤워할 때 마음까지 개운해지는 느낌은 나를 배신하지 않는다.

달리는 동안 쌓아올린 호흡은 내 삶의 페이스까지 바꾸어놓았다. 일상에서 흔들릴 때마다 운동은 나를 다시 붙잡아줬고, '나도 할 수 있다'라는 믿음을 다시 심어줬다. 그 믿음은 진료실에서도, 가정에서도 나를 밀어주는 가장 든든한 힘이 되었다.

감정을 흘려보내는 가장 솔직한 방법, 러닝

삶은 늘 예상치 못한 스트레스와 감정의 굴곡으로 가득하다. 사기, 배신, 실패…. 그 어느 것도 예고하고 찾아오는 법은 없다.

2023년, 10년을 알고 지낸 지인으로부터 억대 사기를 당했다. 그 충격은 이루 말할 수 없었다. 머리가 멍했고, 무능한 내 자신이 미웠고, 가족에게는 말할 수 없이 미안했다. 하지만 현실을 부정한다고, 감정을 억누른다고 상황은 나아지지 않는다. 나는 이 교훈을 운동으로부터 배웠다.

그 시절, 나를 붙잡아준 것은 러닝이었다. 퇴근 후 한강을 달리며 김범수의 〈지나간다〉를 수십 번 들었다. '지나간다. 이 고통은 분명히 끝이 난다'라는 노래의 가사를 들으며 눈물을 훔쳤다. 임재범의 〈비상〉, 싸이의 〈내일의 나에게〉도 들으며 다시 살아갈 힘을 끌어올렸다.

달리기는 감정을 씻어내는 나만의 의식이었다. 깊은 절망 속에서도 호흡을 가다듬고, 다시 원래 삶의 궤도로 나를 데려다주는 조용하지만 강한 힘이었다. 그렇게 나는 감정을 정화하고 스스로를 회복시켜 다시 일상을 돌아갈 수 있었다.

스트레스를 흘려보내는 가장 확실한 방법

아버지가 내게 해준 말이 있다.

"밖에서 받은 감정을 절대 집 안으로 가져오지 마라."

신혼 때는 아내와 종종 다투곤 했다. 별것도 아닌 일에 감정이 휩쓸려 싸움이 커진 순간도 많았다. 밖에서 받은 스트레스를 아내에게 쏟아내기도 했다.

하루는 아버지가 나에게 아내와 잘 지내냐고 물었다. 싸우기도 한다고 했더니 왜 싸우느냐고 물었다. 서로 맞춰가는 과정이지만, 내가 밖에서 스트레스를 받은 날에는 집에 와서 많이 예민해진다고 토로했다. 그러자 아버지가 말했다.

마흔, 달려야 산다

"집에 있는 사람은 네가 어떤 하루를 보냈는지 모르는데, 네가 예민하게 굴면 얼마나 당황스럽겠니. 만약 밖에서 있었던 일을 아내와 상의하고 싶으면 마음이 차분해졌을 때 해라."

밖에서 겪은 스트레스나 나쁜 감정을 절대 집 안으로 가지고 들어오지 말라고 아버지는 당부했다. 절제하기 힘들면 그 감정을 밖에서 다 풀고 집에 들어가라는 뜻이었다.

고개가 절로 끄덕여졌다. 그 말을 듣고 나서는, 험난하고 감정이 요동치는 날이면 집까지 7~8킬로미터를 뛰어서 귀가하는 습관이 생겼다. 달리면서 감정을 날려버리고 다스렸다. 집에 와서 샤워를 하고 개운해진 마음으로 평온하게 가족과 식탁에 앉아 함께했다.

그렇게 달리기는 감정을 정리하는 나만의 습관이 되었다. 그 덕분에 하루를 마치고 집에 들어왔을 때 내 감정 곡선은 잔잔한 호수처럼 고요하다. 우리 집의 공기도 달라졌다. 아내와의 사소한 말다툼이나 아이와의 소모적인 실랑이도 줄었다.

삶은 피로하다. 스트레스의 연속이라고 해도 과언이 아니다. 누구나 치열한 일상을 보내다 보면 여러 감정이 쌓이고 머릿속이 어지럽다. 감정이 흔들리거나 마음이 가라앉기도, 무너지기도 한다. 적당한 스트레스는 원동력이지만, 과해지면 분노가 되고 삶을 갉아먹는다.

그럴 때 러닝은 조용한 탈출구가 될 수 있다. "피할 수 없으면 즐겨라"라는데, 나는 "인정하면 편해진다"라고 말하고 싶다. 내 감정을 먼저 인정하고, 달리면서 감정을 정리하는 것이다. 몸을 움직이면 마음에서 스트레스와 쓸데없는 감정은 걸러진다. 누구나 달리면서 자기만의 속도와 리듬으로 감정을 흘려보낼 수 있다.

실제로 달리기를 포함한 운동이 감정 조절과 기분 개선에 도움이 된다는 연구 결과는 매우 많다. 운동은 코르티솔 같은 스트레스 호르몬 분비를 줄이고, 기분을 좋게 하는 엔도카나비노이드 물질을 생성한다. 흔히 '러너스 하이runner's high'라고 불리는 현상도, 격렬한 운동 후에 분비되는 엔도카나비노이드가 뇌에 작용하면서 나타나는 행복감과 통증 완화와 관련이 있다.[1]

운동을 하면 나 자신을 들여다보는 고요함이 찾아온다. 운동으로 내 감정을 인정하고 흘려보내는 해소의 시간을 마련해보자. 앞으로 나아가는 용기를 얻을 수 있을 것이다.

번아웃으로 무너진 마음을
일으킨 단 한 걸음

한 아이의 아버지이자 남편 그리고 치과를 운영하는 치과의사. 여러 학회와 협회에서 이사직을 맡으며 쌓은 인지도와 명성. 일터에서도 부단히 노력하며 단단히 뿌리 내린 삶. 사람들은 내게 '다 가졌다'라고 말한다. 나 역시 그런 삶에 감사하지만, 누구나 그렇듯 나에게도 힘든 시간은 있었다. 번아웃도 여러 번 겪었다.

그러나 터닝포인트를 맞이한 사건이 있었다. 2018년, 개원 3년 차에 나는 완전히 소진된 느낌을 받았다. 업무, 사람, 모든 일이 힘들었고 정신이 나갈 듯 힘들었다. 어릴 때는 친구와 술로 풀었지만, 나이가 드니 돈도 아깝고 속도 쓰리고 다음 날 후회만 커져서 그조차 할 수 없었다.

결국 모든 일을 뒤로하고 필리핀 보홀의 작은 섬, 발리

카삭으로 향했다. 당시 그곳엔 와이파이도, 통신망도 없었다. 세상과 단절하고 싶었는데, 그곳에 가니 정말 세상과 단절되었다. 점차 안도감이 들면서 마음이 편안해졌다.

하루 종일 스쿠버다이빙을 했다. 바닷속에서는 내 숨소리만 들렸다. 자연과 하나 되는 고요함 속에서 나는 비로소 살아 있음을 느꼈다. 책을 읽고, 자고, 단순한 음식으로 끼니를 때우며 나 자신과 다시 마주했다. 문득 내 안의 소리가 들려왔다.

'여기서 멈추기엔 너무 아깝지 않은가?'

그간의 모든 노력을 물거품으로 만들 수는 없었다.

'아직 포기하긴 이르다. 나는 어떻게든 완주할 테니까.'

내 정신을 다잡을 사람은 오로지 나 자신뿐이었다.

귀국해서 다시 일상으로 돌아왔지만 마음은 쉽게 회복되지 않았다. 진료 중 틈틈이 비집고 들어오는 우울, 자려고 누우면 쏟아지는 감정들은 나를 갉아먹었다. 생각은 의지로 멈춰지지 않았다.

그런 나를 다시 끌어올린 한 통의 전화.

"형, 내일 듀애슬론 나가는 거 잊지 않았죠?"

몇 달 전, 새로운 도전을 하겠다며 신청한 경기였다. 인터넷으로 접한 '데상트 듀애슬론 2018'은 나에게 호기심을 불러일으켰다. '듀애슬론', 즉 철인 2종 대회는 사이클과 마라톤을 번갈아 하는 경기인데, 두 종목을 동시에 즐길 수 있다는 점이 매력이다.

당시 내 삶은 번아웃과 우울감으로 흔들리고 있어서 대회 참가를 취소하고 싶었지만, 약속을 깰 순 없었다.

자전거를 챙겨 경기장으로 향했다. 준비도 제대로 못 한 채 우왕좌왕하며 경기에 임했다. 숨을 고를 수 없을 만큼 힘들었다. 딴 생각을 할 겨를도, 우울할 여유도 없었다. 2시간 동안 오직 내 호흡과 몸의 움직임에만 집중했다.

우여곡절 끝에 완주를 하고 나니, 힘듦보다 개운하다는 느낌이 앞섰다. 이렇게 긴 시간 부정적인 생각 없이 내 몸에만 집중하고 활기까지 얻을 수 있다니 놀라웠다. 물론 우울함과 부정적인 생각이 완전히 사라지진 않았다. 그러나 확실히 눈에 띄게 좋아지기 시작했다.

그날 가슴에 남은 뜨거운 여운은 나를 완전히 다른 세계로 이끌었다. 곧이어 10킬로미터 러닝 대회에 참가했고, 그 과정에서 '트라이애슬론', 즉 철인 3종이라는 종목을 알게 되었다. 2018년 10월, '은총이와 함께하는 철인3종대회'로 첫 입문을 했고, 같은 해 11월에는 '통영 트라이애슬론'까지 완주했다. 그 후 1년에 25개 대회를 소화하며 스스로를 도전으로 몰아넣었다.

철인 2종에서 철인 3종으로 이어진 열정은 나를 우울에서 끌어올렸을 뿐만 아니라, 새로운 삶의 태도를 열어주었다. 어느새 내 안의 어둠과 우울은 나도 모르는 사이에 긍정과 열정으로 대체되었다. 나는 살아 있었고, 움직이고 있었다.

번아웃은 멈춤이 아닌 회복의 시작

번아웃이 오면 아무것도 하기 싫고, 아무 말도 하기 싫고, 아무도 만나기 싫다. 나는 방에 불을 켜는 일조차 싫었다. 몸도 마음도 처졌다.

딱 이런 심정이었다.

'다 때려치우고 싶다.'

지금도 이런 감정을 느끼는 사람이 있을 테다. 이 감정은 너무 힘들다고 내가 나에게 건네는 자연스럽고 건강한 경고다. 초조해하지 말고, 그 감정을 인정하고 쉬어야 한다. 이때, 휴식은 선택이 아니라 필수다. 회복 없는 훈련은 지속 가능하지 않다. 이건 운동뿐만 아니라 일, 인간관계, 창작, 리더십 등 모든 영역에 적용된다.

나는 가끔 현실에서 벗어나기 위해 의도적으로 여행

을 떠난다. 여행은 단순히 새로운 경치를 보는 일이 아니라, 지금 이 자리에서 나를 붙잡는 생각 고리를 끊는 일이다. 여행하는 동안만큼 머릿속을 붙잡고 있던 문제들이 흐려진다. 그 틈에서 진짜 회복이 시작된다.

하지만 이런 여행에도 빼놓을 수 없는 일은 바로, '러닝'이다. 운동에 번아웃이 왔을 때도, 삶 자체에 번아웃이 왔을 때도, 여행지에서 아침에 러닝을 하면 전혀 다른 감각이 찾아온다.

하는 방법은 간단하다. 구글맵으로 아침에 뛸 곳을 정한다. 러닝화, 러닝복, 선글라스, 휴대폰과 신용카드 하나만 챙긴다. 속도와 거리엔 연연하지 않는다. 그저 현지 길거리, 해변, 유적지, 공원 등 어디든 발길이 닿는 대로 달린다.

현지 러너들을 마주치면 같이 뛰기도 하고, '엄지 척'을 나누기도 한다. 햇살이 눈부신 아침, 따뜻하고 낯선 공기, 현지 카페에서 먹는 모닝커피와 샌드위치, 그 순간에 만끽하는 여유는 그 어떤 약보다 더 효과적인 회복제다.

살다가 주저앉을 때도 분명 필요하다. 하지만 누워서 휴대폰만 보면, 아무것도 변하지 않는다. 주변에 민폐를 끼치기 전에 스스로 일어나야 한다. 무엇보다 내 삶이 무너지기 전에는 일어나야 하지 않겠는가.

다시 일어서는 시점을 당길 수 있는 방법은 바로, 운동
이다. 정기적으로 운동하는 직장인일수록 번아웃 위험이
낮고 회복탄력성이 높다. 이는 다양한 실험과 통계로 입
증되었다. 강북삼성병원 연구팀에서 한국 직장인 7,973명
을 대상으로 한 연구에 따르면, 하루 평균 25분 이상의 중
강도 운동과 30~60분의 가벼운 활동 병행 시 번아웃 위
험이 62퍼센트 감소한다고 나타났다.[2]

몸을 일으켜서 조금씩 움직이다 보면 어느새 마음도
움직이고 회복된다. 번아웃은 당신이 열심히 살았다는 증
거다. 하지만 그 자리에 오래 머물지는 말자. 그럴수록 일
어서는 데 더 큰 에너지가 필요하다.

잠시 주저앉아 있었다면 조금씩 몸을 움직이자. 기억
하자. 운동은 몸보다 마음을 먼저 일으킨다는 것을.

온전히 '나'에게
집중하는 시간

어린아이를 둔 가정의 아침은 늘 정신없다. 아내가 외치는 "일어나!"라는 소리에 나와 아들은 동시에 눈을 비비며 하루를 시작한다. 만 네 살 된 아들은 나를 닮아서인지 아침잠이 많다.

겨우 일어나면 등원 전, 아들과 한판 승부가 시작된다. 양치하자고 하면 짜증을 내고, 좋아하는 옷이 아니면 입기 싫다고 떼를 쓴다. 유치원 버스가 곧 도착하는데도 아들은 "씽씽이 탈 시간 있어?"라고 묻는다. 그럼 나는 "그럼 일찍 일어났어야지!"라고 쏘아붙인다. 결국 아들은 울음을 터뜨린다. 아내가 아들을 달래는 사이, 나는 허둥지둥 출근 준비를 한다.

출근하고, 오전 10시부터 저녁 7시까지 이어지는 진료

시간도 정신없이 흘러간다. 진료가 끝나고 특별한 약속이 없으면 곧장 집으로 향한다. 출퇴근하는 차 안이나 지하철에서 뉴스를 들으며 겨우 잠깐 숨을 돌린다.

현관문을 열면, 아이가 "아빠아~!" 하고 달려온다. 반갑게 안기는 아이와 놀아주다가 저녁을 먹고 나면 또다시 육아라는 일이 시작된다. 아이를 재우고 나면, 우리 부부도 파김치가 되어 그대로 잠들어버린다.

평범하고 행복한 일상이지만, 가끔은 '진짜 나만의 시간, 나에게 몰입하는 시간'이 간절해진다. 누구의 간섭도 없이 혼자 책을 읽고, 명상을 하고, 생각을 정리할 수 있는 시간을 갈구하게 된다.

하지만 어린 자녀를 둔 가정에서 그런 여유는 사치에 가깝다. 일, 육아, 가정의 책임 사이에서 나 자신을 오롯이 마주할 시간은 좀처럼 허락되지 않는다. 책임은 무겁게 늘어나지만, 정작 '나' 자신은 뒷전으로 밀려난다. 그래서 더욱 나만의 시간에 목마르곤 했다.

철인 3종이 허락한 나만의 시간

그토록 바랐던 '나만의 시간'을 나는 철인 3종에서 찾

마흔, 달려야 산다

았다. 첫 철인 2종 대회에 참가한 뒤, 나는 철인 3종에 완전히 매혹되었다. 유튜브로 관련 영상을 찾아보던 중, '아이언맨' 대회를 처음으로 접했다.

"Anything is possible(무엇이든 가능하다)"

슬로건과 함께 흘러나오는 영상 속 장면들은 온몸에 전율을 일으켰다. 나는 그 영상을 하루에도 수십 번 반복해서 보았다.

그리고 다음 해 2019년 5월, 하프 코스인 '아이언맨 70.3 고성 대회'를 완주하게 되었다. 완주의 기쁨과 기록의 긴장감 사이에서, 나는 몸과 마음이 새롭게 단련됨을 느꼈다.

철인 3종은 말도 안 되게 힘든 운동이다. 수영, 사이클, 달리기를 연달아 소화하려면 엄청난 체력이 소모된다. 하지만 그렇게 체력이 고갈되는 순간에, 가장 깊은 몰입이 찾아온다.

특히 마지막 종목인 달리기를 할 때, 나는 비로소 나 자신과 마주하게 된다. 심박수는 170을 넘고, 쥐가 날 듯 말 듯 한 상태에서도 팔은 앞뒤로 흔들린다. 이 극한의 순간에 세상의 모든 소음이 사라지고 내 안에 고요함이 찾아온다. 눈을 감고 직선 코스를 달리다 보면, 마치 우주한가운데 홀로 떠 있는 듯한 정적을 느끼고 오롯이 나만의 시간을 갖는다.

그 고요함 속에서 내 삶을 돌아본다. 나 자신에게 온전히 몰입하는 순간이지만, 나뿐만 아니라 가족, 일, 관계까지 성찰하게 된다.

'아내에게 그렇게 말하지 말걸.'

'아들에게 너무 화낸 건 아닐까?'

'그 환자는 이렇게 진료했으면 더 좋았을까?'

그렇게 나는 마흔 즈음 철인 3종이라는 격렬한 운동을 만나 이런 성찰의 시간을 가질 수 있었다.

우리는 바쁜 일상에서 종종 자신을 잊는다. 가족과 일에 치여, 정작 나를 돌볼 여유가 없다. 특히 40대는 한 번쯤 멈춰 서서 자기 자신을 돌아보고 재정비할 시기다. 그동안 취업하고, 결혼하고, 앞만 보며 정신없이 지내다가 문득 '내 삶은 어디쯤 와 있나?'라는 질문과 마주하는 시기이기 때문이다.

운동은 당신을 세상의 소음에서 벗어나게 하고, 오롯이 자신에게 집중할 수 있는 통로를 열어준다. 무라카미 하루키는 에세이 《달리기를 말할 때 내가 하고 싶은 이야기》에서 달리기를 하면 "육체의 한계를 경험하고, 그 과정에서 내면의 목소리에 귀 기울이게 된다"라고 말했다. 달리는 동안 고독하지만, 동시에 자기 자신과 깊이 연결된다는 뜻이다.

꼭 철인 3종이 아니더라도 운동은 세상에서 가장 나다운 모습으로 돌아가는 길이다. 온전히 나에게 집중하고 싶다면, 나 자신과 가장 솔직하게 마주하고 싶다면, 운동을 시작하면 좋겠다. 최고의 안식처가 되어줄 것이다.

바깥이 아니라,
내면과 본질로 향하는 운동

요즘은 누구나 SNS 계정 하나쯤 가지고 있다. 나도 한때 SNS에 몰두했다. 내 운동 기록을 SNS에 업로드하면서 나는 점점 유명세를 탔다.

처음에는 순수한 열정과 호기심으로 철인 3종을 시작했는데, 어느새 운동이 '보여주기식'이 되었다. 내 삶과 스케줄에 맞춰 운동을 하지 않고 SNS에 업로드하는 시간과 빈도에 맞춰 운동을 했다. 운동을 며칠 쉬기라도 하면 '업로드 공백'에 대한 불안이 찾아왔다.

언젠가부터 운동 자체가 기쁨이 아닌 부담이 되었다. 운동 효율성도 떨어지고 점점 지쳐갔다. 내가 진짜 운동을 원하는지, 아니면 '좋아요'를 원하는지 혼란스러웠다. 원래 운동은 내 생활의 일부였는데, 보여주기식 이벤트가 되고 말았다.

이런 성찰이 나를 다시 들여다보게 만들었다. 운동의 본질은 남에게 보여주기 위함이 아니라 내면과 외면을 모두 단단하게 만드는 데 있다는 사실을 떠올렸다. 그러고 나서 업로드에 신경 쓰지 않고 오로지 나 자신을 위해 운동하는 삶으로 돌아가기로 마음을 먹었다. 운동한 날을 SNS에 공유하지 않는 것부터 시작해 점점 SNS 사용 빈도를 줄여나갔다.

SNS에 얽매여 현실의 삶과 가상의 삶이 주객전도가 되는 사람이 적지 않다. SNS를 끊겠다고 결심하지만 이내 다시 포기하는 사람도 있다. 하루아침에 끊기란 당연히 쉽지 않다. 내가 했던 방법처럼 점차적으로 SNS에 대한 의존도를 줄이기를 권한다.

물론 SNS에 운동 기록을 올리면 더 큰 동기부여가 될 수도 있다. 그러나 그 동기부여가 목적이 되어버리기 쉽상이다. 게시물을 올리지 않아도, 누군가의 반응이 없어도 나 자신을 인정하고 혼자서도 끝까지 해내는 사람이 되어야 한다.

동기부여가 필요하다면 SNS에 기록하던 운동 일지를 휴대폰 캘린더 앱에 적어 본다. 이렇게 기록하는 습관은 동기부여에 분명 도움이 된다.

나는 매달 말이면 다음 달 운동 스케줄을 미리 세워 캘린더에 입력한다. 기본은 월·수·금 하루 1시간, 출퇴근 전후로 시간을 정한다. 만약 무슨 일이 생겨 하루를 쉬더라도 큰 타격이 없도록 여유를 둔다. 출근 전에 못 했다면 퇴근 후에 하고, 그것도 어렵다면 자기 전에라도 한다. 정말 불가피한 날에는 다음 날 반드시 보완한다.

이처럼 SNS를 줄이면 두 가지 변화가 생긴다.

첫째, 나만의 리듬과 균형을 찾게 된다

보여주기식으로 무리하게 고강도 운동을 하거나 단기적인 성과를 좇던 과거와 달리, 일주일에 세네 번 유산소와 무산소 운동을 병행하며, 나에게 맞는 리듬을 찾게 된다. 나만의 운동 방식을 확립하면 운동은 더 이상 부담이 아니라 자연스러운 일상이 된다.

둘째, 삶의 본질에 집중하게 된다

외적인 모습보다 내적인 건강과 균형에 더 신경 쓰게 된다. 심폐 지구력을 강화하거나 유연성을 높이는 운동으로 전반적인 건강을 개선하는 데 초점을 두자. 그렇게 몸의 균형을 찾아가다 보면, 불필요하거나 잉여적인 것에 집착하기보다 단순하고 균형 잡힌 삶을 추구하게 된다.

더 소중한 것들에
집중하는 삶

이처럼 삶에서 불필요한 거품을 걷어내면, 자연스럽게 본질로 향하게 된다. 온라인뿐만 아니라 오프라인에서의 관계도 한결 간결해진다. 예전에는 사람을 많이 만나고 술도 잦았다. 물론 그 시절의 활발한 교류를 후회하지는 않는다. 새로운 인연과 다양한 이야기는 분명 나를 성장시켰고, 그 시절에 꼭 필요한 시간이었다.

그러나 모든 인간관계를 다 챙기고, 모든 이에게 좋은 인상을 남기려 애쓰다 보면 정작 나 자신을 돌볼 시간이 부족해진다. 게다가 사람들과의 관계를 유지하기 위해 해야 할 일을 뒷전으로 미룬다면 그 관계는 다시 생각해봐야 한다. 더구나 가정이 생기면, 더욱 '선택과 집중'이 필요하다.

철인 3종 대회에 도전하다 보니 자연히 술 약속을 줄였다. 이런저런 모임에도 예전처럼 다 참가하지 않는다. '끝까지 달리자'라는 식의 술자리는 이제 1년에 한두 번 있을까 말까 한 연중행사가 되었다. 대신 운동 모임이 더 활발해졌다. 술로 달리던 시간을, 이제는 진짜 달리기로 채우고 있다. 무리한 술 약속이나 의미 없는 만남 대신, 건설적인 만남과 운동 모임에 집중한다. 그 과정에서 나는 '나 자신과의 약속을 지키는 습관'을 자연스럽게 몸에 익히게 되었다.

그렇게 삶 전체가 단단해졌다. 불필요한 소비, 관계, 감정 소모를 줄이고 더 단순하고 집중하는 삶을 살게 되었다. 운동은 내 삶을 정돈하고 내면을 성장시키는 계기를 만들어줬다.

SNS에 얽매이고 있는가? 사람들과의 만남이 나를 소진시키는가? 온라인에서, 오프라인에서 많은 사람과 소통하지만 더 공허한가? 늘 다른 사람들의 기대와 기분에 맞추느라 자기 자신을 잃고 있는가? 정작 소중히 여겨야 할 사람들과의 시간, 나를 돌보는 운동과 휴식, 혼자서 성찰할 시간을 미루는가?

그렇다면 소모적인 만남과 SNS에 쓰는 시간을 조금씩 줄이자. 나 빼고 다 행복해 보이는 SNS의 세계에서 벗어나자. '언젠가 도움이 될 수도 있다'라는 막연한 이유로 이어오던 인연, 만나고 오면 기분이 가라앉는 관계에 얽매이지 말자.

물론 사람은 누구나 연결되고 싶어 하고, 그 또한 중요하다. 그러나 모든 연결이 나를 성장시키지는 않는다. 소모적인 만남은 줄이고, 나 자신과의 관계 그리고 소중한 사람들과의 관계에 집중하자. 그렇게 비워낸 시간을 나 자신을 돌보고 몸을 단련하는 데 더 써보자. 그 시간이 당신의 삶을 단단하게 만들 것이다.

지금이 아니면
안 되는 이유

마흔이 되니 몸이 '이전과는 다르다'라고 알려준다. 밤을 새우면 하루가 아니라 이틀이 힘들고, 감기가 걸리면 쉽게 떨어지지 않는다. 잘 먹고, 잘 자고, 잘 쉬어도 피로가 가시지 않는다. 예전 같지 않다는 사실을 몸이 먼저 안다.

이쯤 되면 누구나 생각한다.

'체력이 많이 떨어졌어.'

'건강을 챙겨야겠어.'

하지만 운동은 건강을 위한 보험 그 이상이다.

마흔에는 몸만이 아니라 마음, 인생 전체의 분기점을 맞이한다. 따라서 이 시기를 운동의 골든타임으로 부르는 이유는 단순히 건강 때문만이 아니다. 이유는 다음과 같다.

첫째, 체력은 급격히 떨어지고, 회복은 느려지기 시작한다

30대 후반부터 근육량과 심폐지구력이 점점 줄어든다. 예전 같지 않은 몸 상태이지만, 아직은 회복이 가능한 시점이다. 운동을 시작하기에 가장 늦지 않은 때, 기초 체력을 다시 세울 수 있는 마지막 기회이기도 하다.

둘째, 스트레스와 책임의 무게가 정점을 찍는 시기다

40대는 흔히 '삶의 샌드위치 세대'라고 불린다. 자녀 교육과 부모 부양, 직장 내 중간관리자까지 책임져야 할 역할이 정말 많다. 이때 쌓이는 만성 스트레스는 운동이 아니면 제대로 해소되기 어렵다. 운동이야말로 정서적 회복력을 길러주고, 감정을 건강하게 배출하는 통로가 된다.

셋째, 운동은 자기 효능감과 자존감을 복구시킨다

마흔이 되면 성취보다 현실적인 타협이 많아지고, 삶의 동력이 떨어지기 쉽다. 하지만 운동은 즉각적 변화와 성취를 느끼게 하는 행동 기반의 자기계발이다. 작은 기록 하나, 10분 습관 하나가 '나는 여전히 나를 움직일 수 있다'라는 감각을 되살린다.

**넷째, 갱년기 전후의 생리적 변화에 대한 방어력이 필요
하다**

남성호르몬과 여성호르몬이 모두 감소하면서, 우울감·수
면장애·복부비만·골다공증 등 다양한 문제가 시작된다.
이 시기에 운동을 꾸준히 하면 호르몬 변화에 대한 신체
저항력이 훨씬 강해진다.

다섯째, 습관화의 결정적 시기다

운동 습관은 몸에 한 번 배면 50대, 60대에도 자연스럽
게 이어진다. 하지만 40대에 습관을 들이지 못한다면,
나이가 들수록 점점 더 하기 어려워진다. 지금 시작하면
남은 인생의 30~40년을 건강하게 설계할 수 있다.

마흔은 몸이 무너지기 직전이면서도, 다시 세울 수 있
는 마지막 시기다. 이 시기를 그냥 흘려보내면 반드시 후
회하게 되고, 잘 활용하면 50대 이후의 삶이 완전히 달라
진다. 그래서 마흔에는 운동의 효과를 가장 크게 체감할
수 있는 골든타임이다.

운동은 단순히 체력을 키우는 일을 넘어, 정신력을 키
운다. 그뿐만 아니라 업무 집중력, 대인관계, 자기관리 심

지어 자녀 교육에도 선순환을 만든다. 따라서 운동은 '기회비용'이 아니라 '투자'다. "운동할 시간 없다"라고 말하는 사람일수록 사실은 운동이 가장 필요한 사람이다. 그러니 이제 더는 미루지 말자.

2장

인생을 완주할 체력이 있는가

: 마흔 이후의 삶이 체력에서 갈리는 이유

마흔, 몸이 먼저 신호를 보내기 시작할 때

마흔이 되면 체력이 눈에 띄게 떨어진다. 몸이 예전처럼 말을 잘 듣지 않는다. 아침에 일어나면 몸이 뻣뻣하고, 하루 종일 바쁘게 움직였다가 저녁에 녹초가 되는 일이 잦아진다. 무심코 계단을 오르다 숨이 차고, 무거운 물건을 들다 허리가 삐걱거린다.

바로 이 시점에서 체력 저하로 운동을 포기하는 사람들이 많다. 그런데 체력은 운동할 때만이 아니라 삶의 모든 순간에 필요하다. 매순간 작동하는 가장 기본적인 힘이 바로 체력이다. 본격적으로 체력이 떨어진다고 느낀다면, 그때야말로 운동을 시작할 때다.

나는 만 서른네 살에 처음 철인 3종에 도전했다. 처음에는 터무니없는 목표처럼 느껴졌다. 수영, 사이클, 마라톤을 연달아 할 수 있을지 걱정이었다. 하지만 훈련을 시작하면서 몸과 마음이 변해갔다. 수영은 호흡을 가다듬는 법을, 사이클은 인내심을, 마라톤은 한계에 도전하는 용기를 나에게 가르쳐줬다. 몇 달이 지나자 나는 더 강해진 몸과 더 단단해진 정신을 얻었다.

자유형 1킬로미터도 벅찼던 내가, 사이클 20킬로미터만 타도 다리가 후들거리던 내가, 러닝 10킬로미터에도 현기증을 느꼈던 내가, 지금은 아이언맨 대회에 나가서 수영 3.8킬로미터를, 사이클 180.2킬로미터를, 마라톤 42.195킬로미터를 완주한다. 그러고는 바로 장거리 운전을 하고 집으로 돌아와 다음 날 직장으로 곧장 복귀할 정도로 성장했다.

체력은 특히 가정생활에서도 중요하다. 아이를 키우다 보면 예상하지 못한 민첩성과 지구력을 요하는 상황을 자주 마주친다. 가장 다급할 때는 단연 화장실을 가야 할 때다. 계단이든 오르막이든 내리막이든 아이를 안고 전력 질주하는 아빠의 체력은 일종의 유산소·무산소 복합 종목이다. 20킬로그램이 넘는 아이를 안고 뛸 때마다 내가 철인이라서 얼마나 다행인지 모른다.

마흔 이후부터 우리 몸에서 근육량이 매년 약 1퍼센트씩 감소한다고 한다. 이처럼 노화가 진행됨에 따라 근육량이 줄고 근력이 약해지는 것을 '근감소증sarcopenia'이라고 한다.[3] 이를 예방하기 위한 가장 효과적인 방법은 근력운동이다.

체력도 근육이 뒷받침되어야 한다. 나는 근육 생성을 위해 특별히 보충제를 먹지는 않는다. 그저 열심히 운동하고 육류와 채소를 푸짐하게 먹고 있다. 가능하면 음식으로 영양분을 섭취하려 한다.

운동에서 내가 가장 중요하게 생각하는 부분은 몸의 코어다. 많은 사람이 코어라고 하면 흔히 복근을 떠올리지만 그렇지 않다. 가슴 아래부터 골반까지 위치한 배와 아랫등, 엉덩이를 포함한 360도 전체가 코어다.

코어가 무너지면 운동 효율성도 떨어지고 부상 위험도 커진다. 그렇기 때문에 어떤 운동을 하든 항상 코어에 힘을 주고 집중해야 한다. 운동할 때뿐만 아니라 앉아서 일하거나 운전할 때도 코어에 힘을 주는 습관을 들이면 좋다. 복근도 유지되고 자세도 곧아진다. 코어는 내 몸을 지탱해주는 보이지 않는 갑옷과 같다.

기본적인 체력과 코어 근육의 중요성은 나이가 들수록 절실하게 다가온다. 노인들 중에 허리가 굽어 지팡이에 의지해 힘들게 걷는 사람을 종종 볼 수 있다. 60~70대 중에도 허리 통증, 어깨 통증, 골다공증 등으로 고생하는 사람이 많다. 병원에 가면 의사의 처방에는 항상 '운동'이 포함된다. 조깅, 간단한 근력 운동, 수영, 등산 등을 추천하며 꾸준히 하라고 권한다. 규칙적인 움직임이야말로 노화를 늦추고 삶의 질을 지키는 가장 확실한 방법이기 때문이다.

내 주변에도 마흔이 된 후에 운동을 시작한 이들이 많다. 한 친구는 러닝을 시작하며 매일 아침 5킬로미터를 달리기 시작했다. 처음에는 1킬로미터도 힘들어 헉헉대더니 나중에는 하프 마라톤을 완주했다. 또 다른 지인은 웨이트 트레이닝을 시작해 근력을 키웠고, 이제는 아이들과 함께 뛰어놀며 누구보다 활기차게 지낸다. 이들은 모두 하나같이 말한다.

"운동을 시작한 후로 삶이 달라졌다."

마흔 이후에 하는 운동은 꼭 몸매만을 위한 운동이 아니다. 오히려 가장 현실적이고 절박한 이유에서 비롯된다. 자신과 가족을 지키기 위해서다.

대개 건강검진 결과를 보고 충격을 받고 시작한다. 또

계단을 오르다 숨이 찬다거나 한번 넘어졌을 뿐인데 통증이 오래 이어지면 '이제는 살기 위해서라도 해야겠다'고 결심하기도 한다.

이 나이에 무언가를 새로 시작하는 게 두렵다고 말하는 사람이 많다. 하지만 계속 미룬다면 정말 두려운 날이 오고야 만다. 날이 갈수록 체력은 더 떨어지고, 몸은 더 굳는다. 그래서 마흔 이후의 삶을 버텨줄 힘은, 다름 아닌 오늘의 작은 운동 습관이다.

호주 브리즈번 퀸즐랜드대학교 그레고르 미엘케 박사 팀의 연구에 따르면, 꾸준히 운동하지 않던 사람이라도, 어느 시점에든 운동을 하면 건강에 긍정적인 영향을 준다고 한다. 그러니 운동을 시작하기에 너무 늦은 시점은 없다.[4]

오랜만에 운동을 하면, 처음에는 힘들고 숨이 차고, 근육이 비명을 지르는 느낌이다. 하지만 그 고통이 나와 당신을 더 강하게 만든다. 아이를 안고 계단을 가뿐히 오르는 순간, 긴 하루 끝에도 에너지가 남아 있는 순간, 당신은 운동이 가져다준 변화를 실감할 것이다. 당신의 몸은 이미 가능성을 지니고 있다. 그저 시작하기만 하면 된다. 당신이 움직이는 순간, 삶도 함께 다시 움직일 것이다.

끝까지 버텨본 사람만이 아는 성취감

진료실에서는 정확성과 집중력을 요하는 고강도 업무를 수행하며, 환자들의 건강과 삶의 질을 책임져야 한다. 의료는 '성공'보다는 '실수하지 않는 것'이 더 중요한 영역이기에, 성취감을 느끼기 어려운 직업이라고 생각한다.

나는 승부욕이 강한 사람이다. 내가 운동에 몰입한 이유도 승부욕을 해소하고 나만의 성취감을 찾기 위함이 크다.

나는 2019년부터 해마다 두 번씩 풀코스 마라톤에 도전해왔다. 단지 기록을 세우기 위한 도전이 아니었다. 매번 내 안에 '끝까지 가고자 하는 마음'이 살아 있는지를 확인하고 싶었다. 철인 3종 대회도 마찬가지였다.

특히 철인 3종 킹코스인 아이언맨 대회는 신체와 정신의 한계를 시험하는 극한의 도전이다. 수영 3.8킬로미터,

사이클 180.2킬로미터, 마라톤 42.195킬로미터로 구성된 종목은 그 자체로도 힘들지만, 연속으로 이어가야 한다는 점에서 신체와 정신의 한계를 시험한다. 심장은 터질 듯 뛰고, 근육은 찢어질 듯 타들어 간다.

이런 고통의 절정에서 자연스레 의문이 든다.

'내가 이걸 왜 하지? 왜 이 고통을 감수하지?'

1분이 1시간처럼 느껴지고, 포기하고 싶은 유혹이 끊임없이 밀려온다. 그 순간이 중요하다.

'이것만 버티면 된다.'

'내가 지금 이 고통도 못 견디면, 뭘 할 수 있겠어?'

고통 속에서 스스로를 다잡고 다시 한 발 앞으로 밀어주는 주문이다. 철인 3종 중에 느끼는 고통은 영원하지 않다. 그 고통도 완주하는 순간 모두 사라진다. 오히려 포기하면 후회만 남고, 그 후회가 더 오래간다. 할 수 있는데 하지 않고, 견딜 수 있는데 포기한다면 자기 자신을 속이는 일이다. 차라리 고통으로 나를 시험하고 성찰하는 편이 낫다.

우리는 누구나 살아가면서 '버텨야 하는 순간'을 수없이 마주한다. 일에서, 관계에서, 육체적 피로와 정신적 압박 속에서 짧게는 며칠, 길게는 몇 년 동안 지속되는 육체적 또는 정신적 고통을 견뎌야 할 때가 있다. 그런 순간마다 나는 생각한다.

'나는 철인 3종을 완주한 사람이다. 그 정도 고통도 견뎠는데, 견딜 수 있다.'

그 경험 덕분에 삶의 수많은 '버텨야 하는 순간'에 무너지지 않았다. 철인 3종은 나에게 고통 속에서도 계속 나아가는 법을 가르쳐줬다.

'나는 할 수 있는 사람'이라는 감각

17시간 안에 아이언맨 대회의 총거리 226킬로미터에서 긴장, 고통, 고뇌 등을 이기고 완주했을 때, 그 감정은 성취감이라는 단어로는 표현이 부족하다. 결승선이 보이는 그 순간부터 온몸에 전율이 느껴진다. 걷기조차 힘든 상태에서 결승선을 밟는 순간, 고통도 못 느낀 채 두 팔을 번쩍 들게 된다. 혼이 나갔던 얼굴은 환희로 가득차고 '나는 해냈다'는 성취감이 남는다. 모든 것을 이룬 듯한 감격이 몰려온다.

처음에는 기록을 갱신하고 나를 시험하기 위해 시작했다. 그런데 시간이 지나면서 달라졌다. 더 멀리 더 오래 달리며 완주하는 경험은 단순한 숫자를 넘어 나 자신을 증명하는 이정표였다. 나 자신을 한계까지 몰아붙이고 설정한 목표를 이루는 과정에서 느끼는 성취는 내 삶에 긍정 에너지를 불어넣었고, 더 나아갈 원동력을 제공했다.

마라톤은 인생에 자주 비유될 만큼 삶의 철학을 품고 있는 운동이다. 달리는 시작은 늘 두렵고 끝은 언제나 고통스럽다. 그러나 그 고통을 견디는 과정에서 얻는 깨달음과 성장의 기쁨은 그 무엇과도 비교할 수 없다. 운동은 삶을 더욱 풍요롭고 역동적으로 이끈다.

누군가 철인 3종 대회를 한 번 완주한 경험이 있다면, 나는 거기서 멈추지 말고 두세 번 더 나가라고 권유한다. 두 번째 완주에서 느끼는 감정은 첫 완주의 벅찬 성취감과는 전혀 다르기 때문이다. 세 번째 완주는 또 다른 차원의 여유와 통찰을 안겨준다. 올림픽 코스로 완주했다면 하프 코스도 킹코스도 차근차근 도전해보길 바란다. 장거리 대회가 주는 경험과 성취감이 단거리 대회와는 사뭇 다르기 때문이다.

사실 일상에서 자신에게 박수를 보낼 일이 많지 않다. 없다고 해도 과언이 아니다. 하루를 열심히 살아내도 대부분 잘해냈다는 감각 없이 하루가 끝나버리기 일쑤다.

하지만 운동은 작은 성취가 반복되면서 '나는 할 수 있는 사람'이라는 감각을 만들어준다. 어제보다 오늘 조금 더 오래 달렸다는 사실, 약속한 시간만큼 몸을 움직였다는 사실이 나는 쉽게 무너지지 않으리라는 자신감을 준다.

많은 사람이 나이키의 'Just do it(지금 당장 해)'이나 언더아머의 'The Only Way Is Through(오직 돌파)' 같은 슬로건에 열광한다. 왜일까? 이런 말이 우리 안에 숨겨진 가능성, 무언가 해내고 싶은 열정을 건드리기 때문이다. 그 옷을 입는다고 내가 바뀌지는 않는다. 하지만 내가 바뀌기 시작하면 그 말이 진짜 나의 슬로건이 된다.

마흔이 지나서도 새로운 기록을 향한 여정을 멈추지 말자. 목표를 향해 끊임없이 나아가며 성장하는 과정이 중요하다. 가능하다면 목표를 세워 운동하길 권한다. 다른 삶의 영역에서도 그렇지만, 목표를 향해 전력을 다하는 과정에서 성취와 희열을 맛볼 수 있다. 결과가 어떻든 그런 감정이 삶을 살아가는 데 큰 활력이 된다.

자존감은 생각이 아니라
체력에서 나온다

미국에서 치대 2학년을 다니던 시절, 나를 가장 힘들게 한 건 공부가 아니었다. 미국 치의학 대학에서 공부하려면 4년제 대학을 졸업한 뒤 다시 4년을 공부하는 긴 여정이 필요하다. 그러다 보니 다른 전공을 가진 친구들은 이미 대학을 졸업하고 취업을 했지만, 나는 여전히 학생이었다.

친구들은 돈을 벌고 사회생활을 논하는데, 나는 학비를 내며 시험과 독서실에 묶여 있었다. 그들은 멀찍이 앞서 나가는데 나만 뒤처지는 듯한 기분이 들었다. 그 사실이 나를 위축시켰다. 자존감은 바닥을 쳤고, 매일 반복되는 공부와 일상 속에서 도무지 의미를 찾을 수 없었다.

그러던 중 친구가 실내 암벽등반을 제안했다. 사실 나

는 고소공포증이 있었다. 하지만 그날 용기를 내서 줄을 매고 벽에 올랐다. 암벽등반장 높이는 수십 미터였다. 그 벽 앞에서는 잡생각이 끼어들 여지가 없었다. 손이 미끄러지거나 줄을 놓치면 위험하다는 긴장감에 우울도 불안도 끼어들 수 없었다. 그 시간만큼은 완벽하게 몰입하는 경험을 했다.

암벽등반이 어느 정도 숙련되자 산으로 향했다. 실내를 벗어나 암벽 투어를 다니며 자연의 거대함과 마주했다. 주말마다 새로운 암벽 앞에 서면서, 무너졌던 나를 붙잡을 수 있었다. 암벽을 오를 때의 집중력, 땀 흘린 뒤의 성취감, 점점 나아지는 몸의 움직임을 느끼며 나는 다시 나 자신을 붙잡았다.

그때 알게 되었다. 운동에는 무너진 마음을 일으키는 힘이 있다는 사실을. 자존감은 생각으로 지키는 게 아니라 몸으로 지킨다는 사실을.

땀 흘릴수록
자존감이 자란다

우리는 끊임없이 남들과 자신을 비교한다. SNS에서 완벽해 보이는 누군가의 삶, 동료의 성공, 친구의 성취를 보며 스스로 부족하다고 느낀다. 하지만 비교 자체가 무조건 나쁜 일은 아니다. 때로는 나를 돌아보게 만들고 더 나아지고자 하는 동기를 제공하기도 한다.

한 연구에 따르면, 사람들은 자신의 능력과 의견을 평가하기 위해 다른 사람들과 스스로를 비교하는 과정을 거친다고 한다. 이러한 비교는 때때로 불안과 우울을 유발하거나 자존감을 낮출 수 있지만, 동시에 성장 동기를 부여하거나 자기만족을 높이는 긍정적인 결과를 가져올 수도 있다.[5] 결국 비교 자체가 문제가 아니라, 그것을 어떻게 받아들이고 활용하느냐가 중요한 것이다.

운동을 하면 자연스럽게 다른 사람과 선의의 경쟁을 하게 된다. 마라톤에서 함께 달리는 동료나 헬스장에서 나보다 많은 무게를 드는 사람은 나를 주눅 들게 하는 대상이 아니라, 더욱 노력하고 한 발 더 나아가게 만드는 자극제이다. 이처럼 긍정적 비교와 건전한 경쟁은 나를 성장하게 만들어 결국 자존감 향상으로 이어지게 만든다.

운동은 경쟁하지 않아도 자신감을 회복하고 정신적 안정감을 준다. 신체적 능력을 향상시키고, 스스로에 대한 유능감과 통제감을 높여준다. 예를 들어, 달리기를 하고 10분, 15분씩 점차 시간을 늘려가는 과정은 작은 성취감을 선사한다. 그 성취는 '나도 할 수 있다'는 자신감으로 이어진다. 이렇게 형성된 자기효능감은 자신에 대한 긍정적 평가, 즉 자아존중감으로 발전한다. 이는 결국 전반적인 삶의 만족도를 높이는 데 기여한다.[6]

자신과 경쟁하는 운동은 비교의 덫에서 벗어나게 해준다. 남들과 경쟁하는 대신, 어제의 나와 오늘의 나를 비교하며 매일의 작은 성취를 축하할 수 있다. 그러면 운동은 무너진 마음을 다시 세우는 강력한 도구가 된다. 땀을 흘리며 목표를 하나씩 이루는 과정이 자기 자신에 대한 믿음을 키워주기 때문이다.

물론 한계에 맞닥뜨리고 인정해야 하는 순간도 있다. 하지만 한계는 끝이 아니라 또 다른 도전이다. 어떤 길에서 벽을 만났다면, 그 벽을 넘어설 수도 있고, 새로운 길을 선택할 수도 있다. 운동은 그렇게 나를 단련시키며, 새로운 가능성을 탐색하게 만든다.

나는 지속적으로 나 자신을 돌보고 훈련하면서 자신감과 자기 신뢰를 얻었다. 그리고 나를 더 사랑하게 되었다. 나를 사랑하는 마음은, 내 가능성과 한계를 동시에 존중하는 태도에서 시작된다.

긍정적인 말을 억지로 되뇐다고 자존감이 생기지 않

는다. '나는 할 수 있어'라는 확신은 아무리 작은 일이라도 실제로 무언가를 해냈을 때 생긴다. 가장 쉬운 방법이 바로 내 몸으로 직접 해내는 것이다. 땀 흘리며 버티고 끝까지 해내는 경험이 쌓일수록 단단해진다.

특히 다시 일어설 힘은 생각이 아니라 체력에서 나온다. 지금의 나를 지탱해주는 것도 기록이 아니라 나 자신에 대한 믿음, 체력이다. 그 힘은 꾸준히 몸을 움직이고 자신을 이겨낸 날들에서 길러졌다.

인생에서 힘든 순간은 누구에게나 찾아온다. 그 고통 속에도 변화의 씨앗은 숨어 있다. 모든 것을 당장 해결하려는 생각이 아니라, 작은 한 걸음을 내딛는 용기가 중요하다. 그 한 걸음이 정체된 삶을 조금씩 앞으로 밀어준다. 나 역시 그 한 걸음에서 변화가 시작되었다. 그렇게 시간이 지나다 보면 내면이 단단해지고, 외부 자극에 쉽게 흔들리지 않는다.

무엇보다 이 모든 시작이 '체력'이라는 기초 위에서 가능하다는 점이 중요하다. 체력이 없으면 도전할 엄두조차 나지 않는다. 몸이 가볍고 에너지가 충만할 때 우리는 일상에서도 더 적극적이고 자신 있게 행동할 수 있다. 지쳐 있는 몸으로는 아무리 긍정적인 생각을 하려 해도 흐릿하고 무기력한 감정이 앞선다.

그러므로 내가 나를 믿지 못할 때, 내가 한없이 작고 초라해 보일 때는 몸을 움직이자. 몸을 먼저 움직이면 마음은 저절로 따라온다.

당신은 지금보다
더 강해질 수 있다

사실 살을 빼는 원리는 누구나 안다.

"섭취한 칼로리보다 소비한 칼로리가 많으면 빠진다."

"근육은 유지하고 지방을 줄이려면 유산소와 무산소를 병행해야 한다."

복잡하지 않지만 실천하지 못할 뿐이다.

내 또래 지인들 사이에서 요즘 가장 '핫한' 주제는 위고비, 마운자로 같은 다이어트 주사제다. 하지만 철인에게 다이어트 약은 필요 없다. 비시즌에 살이 찌더라도, 크게 걱정하지 않는다. 조금 찌면? 뛰면 된다. 훈련하면 된다!

꾸준히 운동하면 칼로리 소모에 유리할 뿐만 아니라, 심폐지구력 향상으로 기초 대사량이 높아져 식단을 따로 관리하지 않아도 체중이 유지된다. 한번 근육을 키워본 사람은 근육이 빠져도 남들보다 빨리 원상 복귀된다.

마찬가지로 철인 3종을 하는 사람들도 대부분 대회가 다가오면 신기하게 대회 체력으로 올라와 있다. 겨울 동안 쌓인 1~2킬로그램의 지방쯤은 동계 훈련 몇 주면 금방 사라진다. 근육을 길러본 사람은 언제든 그 근육을 되살릴 수 있음을 알기에 조급해하지 않는다.

덕분에 마흔을 넘긴 나는 여전히 고등학교 시절의 체형을 유지하고 있다. 고등학교 1학년 말 무렵, 지금의 키, 몸무게, 허리 사이즈가 거의 완성됐다. 그 뒤로 20년이 지난 지금까지도 체형은 거의 변하지 않았다. 허리 사이즈도 32인치로 그대로다. 몸무게도 시기마다 1~2킬로그램 변동만 있을 뿐, 고등학교와 대학교 때 입던 옷이 아직도 잘 맞는다. 체지방률도 10~15퍼센트대를 유지 중이다.

물론 체질적으로 유리한 점이 있을 수도 있다. 하지만 나는 이 모든 결과가 꾸준한 운동과 절제의 습관에서 비롯되었다고 믿는다. 그렇게 바빴던 치대 시절에도 점심시간이나 새벽에 시간을 내서 단 30분이라도 근력운동을 했다. 그 노력의 대가는 결코 헛되지 않았다.

근육을 유지하면서 지방을 중심으로 태우고 싶다면 유산소와 무산소 운동을 병행하면 된다. 산소포화도 저하는 노화와 직결되는데 유산소 운동은 심혈관계와 호흡기계를 발달시켜 산소포화도를 높여준다. 혈액순환도 좋아지면서 피부와 저속 노화에 큰 도움이 된다.

식단을 극단적으로 제한하지는 않는다. 그리고 생활 속에서 좋은 습관의 비중을 유지하면서 균형을 맞춘다. 세상에는 야식, 술, 군것질거리 등 유혹이 넘쳐난다. 나 역시 치킨을 즐겨 먹고, 아무것도 안 하고 널브러질 때도 있다. 사회생활을 하다 보면, 회식도 피할 수 없다. 그래서 평상시에 되도록 건강한 음식을 선택해 먹는다.

내가 꼭 지키는 식습관은 다음과 같다.

- 국처럼 염분 많은 음식은 가능하면 피한다. 곰탕을 먹을 땐 소금을 따로 넣지 않는다. 같이 나오는 깍두기로도 충분하다고 느낀다.
- 고기 위주의 식단으로 챙겨 먹는다. 채소는 생으로 먹거나 삶아 먹는다. 드레싱이나 양념은 거의 쓰지 않는다.
- 담배는 피우지 않고, 술은 한 달에 1~2회 정도로 제한

한다.

- 야식을 먹을 때도 있지만 군것질과 인스턴트 식품은 가급적 멀리한다.

절제란 뭔가를 완전히 끊는 게 아니라, 과하지 않게 스스로를 조절하는 능력이다. 지속 가능한 습관을 만드는 것, 그것이 진짜 절제의 핵심이다. 몸을 돌보고 마음을 다스리는 시간이 내가 정의하는 '잘 사는 삶'이다.

이런 내 모습을 보고 너무 딱딱하고 건조한 생활을 한다고 생각할지 모르겠다. 하지만 이런 생활이 일상이 되면 힘들지 않다. 오히려 그로 인해 더 많은 기회와 시간이 생긴다. 내가 이렇게 책도 쓰고 있지 않은가.

자기관리에는 기한이 없기 때문에 꾸준함이 제일 중요하다. 하지만 대부분 시작조차 힘들어한다. '내일부터 해야지'라면서 계속 미룬다. 그 원인 중 하나는 목표를 너무 크게 잡기 때문이다. 만약 목표를 5킬로그램 감량으로 잡는다면 벌써 아득한 기분이 든다. 그 목표에 걸맞게 식단부터 조절해야 하는데, 그 허기짐을 이길 수 있는 사람은 많지 않다.

원대한 목표를 세우기보다 아주 소소하게 시작해보자. 가령, 아침에 일어나자마자 스쿼트 열 개는 어떨까? 엘리

베이터 대신 계단을 이용하고, 평소에 한두 정거장 먼저 내려서 목적지까지 걸어가자. 몸을 움직이는 데 익숙해지면 목표를 점점 더 키워간다. 자신감을 얻은 상태이기 때문에 더 많은 운동과 식이를 실천할 수 있다.

고대 철학자들이 운동광이었다는 사실을 알고 있는가? 소크라테스는 매일 레슬링을 연습했고, 그의 제자인 플라톤은 실제 운동 경기에서 우승한 경력까지 있었다. 플라톤이라는 이름 자체가 '넓은 어깨'라는 뜻이다.

고대 철학자들의 조각상에 드러난 복근과 탄탄한 팔, 다리, 가슴 근육은 단순한 미화가 아니다. 그들은 실제로 운동으로 신체를 단련하며, 삶과 철학을 통합적으로 가꾸었다.

플라톤은 이렇게 말했다.

"의무적으로 하는 운동은 몸에 해가 되지 않지만, 억지로 배운 지식은 마음에 남지 않는다."

운동은 마음이 내키지 않더라도 하면 무조건 이득임을 고대 철학자도 인정했다. 또 소크라테스는 "바르게, 아름답게, 정의롭게 사는 것은 결국 모두 똑같은 것이다"라고 말하며, 정신과 육체의 균형을 강조했다. 이처럼 운동은 고대 철학자들이 강조한 삶의 핵심이자 몸과 마음을 단련하는 방법이었다.

마흔쯤 되면 운동이나 다이어트는 단순히 외적인 아름다움을 가꾸기 위한 게 아니다. 몸과 마음을 균형 있게 관리하며 삶의 품격을 높이기 위한 생존 전략이다. 이런 의미에서 운동은 육체적으로도 정신적으로도 나를 더 나은 방향으로 빚어나간다. 운동이 당신의 미래를 더 단단하게 이끌 것이다.

운동은 나를 단련시키고, 가족은 나를 지탱한다

철인 3종을 꾸준히 해온 사람들 사이에서 자주 회자되는 말이 있다.

"진정한 철인은 철인 3종을 하면서도 일과 가정에 충실한 사람이다."

진정한 철인은 완주 기록만으로 평가받지 않는다. 그보다 운동을 하면서도 가정에 소홀하지 않고, 본업에 최선을 다하며, 삶의 여러 영역에서 균형을 잡는다.

철인 3종은 수영 하나만 해도 체력 소모가 크다. 거기에 사이클, 마라톤까지 포함하면 시간은 턱없이 부족하다. 여기에 근력 운동과 재활까지 병행하면 하루 24시간이 모자라다. 하지만 훈련할 시간이 부족하다고 해서 일을 미루거나 가족과의 시간을 희생한다면 진정한 철인이 아니다. 진정한 철인은 다 할 줄 알아야 한다. 그럼에도 가장 힘든 게 있다.

사람들이 가끔 묻는다.

"아이언맨 대회와 육아 중 뭐가 더 힘든가요?"

나는 망설임 없이 대답한다.

"육아입니다."

아이와 함께하는 하루는 예측 불가능의 연속이다. 아침부터 옷 안 입는다고 울고, 밥 안 먹는다고 떼쓰고, 씽씽이 탈까, 자전거 탈까 망설이다가 준비가 늦어진다. 나는 결국 "빨리 좀 하자"라는 말을 내뱉고 만다.

저녁엔 더하다. 놀아달라고 졸라놓고 밥은 안 먹고, 자는 시간에도 계속 장난을 친다. 나도 모르게 언성이 높아진다. 그러고 나서 돌아서면 바로 후회한다.

'내가 너무 했나… 아직 애인데….'

훈육을 하지 않을 수는 없지만, 그렇다고 매번 혼내는 무서운 아빠로 남고 싶지도 않다. 아들과 실랑이를 벌이며 언성을 높이고 싶은 마음도 없다. 운동을 포기하고 싶진 않지만, 그보다 더 중요한 우선순위는 가족과 함께하는 시간이다.

그래서 내 시간을 먼저 바꾸기로 결심했다. 출퇴근 시

간을 조정하기는 쉽지 않지만, 운동 시간만큼은 내가 조절할 수 있으니 새벽과 늦은 밤으로 운동 일정을 조정했다.

변화는 생각보다 컸다. 가족과 저녁 식사를 함께하고, 아이와 노는 시간도 자연스럽게 늘었다. 아이의 눈높이에서 생각할 기회가 더 많이 생겼고, 아들도 그런 나를 조금씩 이해해줬다.

밤 9시, 운동을 나설 때면 아들은 현관 앞까지 나와 꼭 인사를 건넨다.

"아빠, 잘 다녀오세요!"

그 짧은 한마디에 나는 다시 힘을 얻는다.

대회도 가족과 함께할 수 있다

만 세 살의 아들과 가족여행을 갔을 때의 일이다. 호텔 측의 실수로 작은 침대 하나만 있는 방에 배정되었다. 세 식구가 함께 눕기엔 너무 작은 침대였다. 나는 무심히 아들에게 물었다.

"이 침대 너무 작아서 불편하지 않아?"

그런데 아들은 순수한 눈빛으로 이렇게 말했다.

"엄마 아빠랑 꼭 붙어서 자니까 더 좋은데!"

그 짧은 한마디가 나를 멈춰 세웠다. 어른이기에 중요하다고 생각한 크기, 편안함, 완벽함 같은 조건들은 아이에게는 의미가 없었다. '누구와 함께 있는지'가 중요했던 아이의 시선은, 그 순간 나에게 새로운 삶의 기준을 안겨줬다.

그날 이후, 나는 내 발전보다 가족의 행복을 삶의 중심에 두기로 결심했다. 그 결심 이후, 아들과 함께 보내는 시간을 의식적으로 더 많이 만들었다.

나는 국내뿐만 아니라 해외 아이언맨 대회에도 자주 참가한다. 미국 캘리포니아, 하와이, 태국 방센, 필리핀 세부, 일본 오사카 등 다양하다. 철인 3종을 참가하며 견문을 넓히고, 새로운 문화를 체험하기 위해서다. 하지만 무엇보다 이 시간이 가족과 함께하는 시간이라는 점에서 더 특별하다. 가족들은 나와 함께 경기장을 누비며 나를 응원해준다.

나에겐 철칙이 있다.

'대회는 여행 마지막 날로 잡는다!'

혹시라도 내가 부상이라도 당하면 여행 전체가 망가질 수 있기 때문이다. 그래서 항상 조심한다. 물론 이런 점은 경기력에는 불리하다.

하와이에서는 대회를 앞두고 가족과 여행하며 잘 먹고 잘 쉬다 보니 살이 조금 쪘다.

아내가 웃으며 말했다.

"혹시 경기복, 안 들어가는 거 아니야?"

설마 했는데 자크가 안 잠겼다. 아내가 옆에서 살을 눌러 겨우 잠갔는데, 그 순간이 웃기면서도 행복했다.

대회 당일, 새벽 4시에 조용히 호텔을 빠져나와 수영과 사이클 구간의 완주를 마쳤다. 마라톤 구간에 진입할 때에는 언제나 가족이 응원하고 있었다.

"○○시에 골인할게!"

"기다릴게!"

그 약속을 지키기 위해 온 힘을 다해 달렸다. 결승선에서 아들과 아내를 껴안는 순간, 그 무엇과도 비교할 수 없는 감동이 밀려왔다. 메달을 목에 걸고, 가족과 사진을 찍으며 대회를 마무리했다.

이렇게 대회를 끝내고 나서, 그 이후가 더 중요하다. 여행이 끝난 게 아니기 때문이다. 곧장 장비를 정리하고 신속하게 샤워를 하고 가족과 함께 식사까지 마치고 나면 체력은 0퍼센트다. 하지만 아이 손을 잡고 마치 아무 일도 없었다는 듯 여행지에서의 하루를 함께 마무리한다. 대회는 나를 위한 것이지만, 그날의 저녁은 가족을 위한 것이기 때문이다.

어느 날, 아내가 지인들 앞에서 이렇게 말했다.

"정말 저도 가끔 놀라요. 남편이 대회 끝나고 나서도

아무렇지 않게 가족과 시간을 보내거든요."

그리고 덧붙였다.

"솔직히 이제는 오래 꾸준히 운동을 해줬으면 좋겠어요. 가족에게 더 충실해지고, 본인도 더 부지런해지니까 좋은 점이 많거든요."

그 말이면 충분하다. 나는 아내에게 멋진 남편이고, 아들에게는 존경받는 아빠이고 싶다. 그래서 나는 지금도 운동을 멈추지 않는다. 철인 3종은 나를 더 강하게 만들고, 가족은 내가 왜 강해져야 하는지를 일깨워준다. 운동은 나를 단련시키고, 가족은 나를 완성시킨다.

내가 아이언맨 대회 때 꼭 신는 러닝화가 있다. 한 짝에는 아내 이름을, 다른 한 짝에는 아들 이름을 새긴 러닝화다. 경기 내내 나에게 힘을 줄 뭔가가 필요하다는 생각에 주문 제작했다. 이 러닝화를 신고 가족이 응원하는 순간을 떠올리며 나는 완주한다.

오늘도 달린다. 기록을 위해서가 아니라, 사랑하는 사람들과의 삶을 더 깊고 단단하게 누리기 위해서. 진짜 철인은 트로피가 아니라, 함께 살아가는 사람들의 신뢰와 응원으로 완성됨을 이제는 안다. 그렇게 나는 '완주하는 삶'보다 '함께 완성해가는 삶'을 꿈꾼다.

일의 밀도와 집중력을
높이고 싶다면

결승선에 도달했다고 끝이 아니다. 진짜 완주자는 그 다음 날에도 일어나는 사람이다. '끝낸 사람'이 아니라 '계속하는 사람'이 진정한 의미의 완주자다.

보통 철인 3종 대회는 일요일에 열리는데, 다음 날인 월요일에 근육통을 핑계로 출근을 미룬다면 반쪽짜리 철인이다. 진짜 승부는 월요일 아침, 삶의 현장으로 돌아가는 그 순간에 난다. 심지어 월요일 출근 전에 회복 운동까지 하고 출근하는 철인들도 수두룩하다. 완주했다는 성취감이 아니라, 회복력 있는 일상 복귀야말로 철인 정신의 완성이다.

2018년 철인 3종에 첫 입문한 뒤, 이듬해인 2019년에는 철인 3종, 마라톤, 수영 대회를 포함해 무려 25개 대회에 출전했다. 입문한 지 8년이 지난 지금도 꾸준히 철인 3종, 마라톤, 수영을 이어가고 있다. 대부분은 주말 대회였고, 진료 일정에 지장이 없도록 철저하게 계획을 세워 움직였다.

처음엔 월요일에 시커멓게 탄 얼굴로 진료실에 앉아 있으면, 환자들은 걱정하곤 했다.

"선생님, 어디 안 다치셨어요?"

"혹시 손에 힘이 없진 않으시죠?"

하지만 점차 환자들은 '이 사람은 진짜 진심이구나' 하고 받아들이고 응원해주기 시작했다. 철인 3종을 꾸준히 이어가는 모습을 보며 환자들은 나를 더 신뢰했고, 격려와 응원을 보내주기도 했다. TV에 철인 3종이 나오면 '선생님이 생각난다'며 나를 떠올려주는 말들에 기분이 좋아질 때가 많다.

어쩌면 누군가는 운동하느라 직업에 소홀한 것 아니냐고 걱정할지도 모른다. 아니다. 운동에서 얻은 좋은 에너지로 환자들에게 더 높은 집중력과 정성을 쏟을 수 있다. 덕분에 진료의 품질이 더욱 향상되었다고 자부한다. 2018년 철인 3종과 마라톤을 시작한 이후 지금까지, 단 한 번의 의료 실수 없이 진료를 이어왔다.

운동에서 배운 꾸준함과 절제는 치과 진료와 병원 경영에도 영향을 주었다. 환자들과의 신뢰를 쌓는 데도 큰 역할을 했다. 나아가 지금의 성과를 이루기까지 운동에서 얻은 긍정적인 에너지는 스스로 끝없이 단련하는 태도를 만드는 데 밑거름이 되었다.

특히 철인 3종을 하면서, 고통 앞에서도 불평하거나 핑계를 대기보다는 '지금 내게 주어진 일을 책임지고 감당하자'라는 자세가 몸에 익었다. 스케줄을 철저히 관리하고, 우선순위를 명확히 설정하며, 무엇보다 말보다 실천으로 자신을 증명하려는 습관이 자리 잡았다.

일과 운동이 조화를 이룰 때

나는 일과 운동을 대하는 태도가 완전히 다르다. 치과 의사로서 나는 매우 보수적이다. 진료는 정밀하고 안전해야 하며, 항상 근거를 기반으로 해야 한다. 그래서 과거와 현대 논문 읽기를 좋아하고, 검증되지 않은 신기술은 쉽게 진료에 도입하지 않는다. 의료는 과학이고, 생명을 다루는 일이기 때문이다.

반면 운동할 때는 반대다. 신기술이나 장비가 나오면 직접 체험해본다. 좋은 장비는 써보고, 나에게 맞는 것을 찾아내려는 경험 기반의 선택을 한다. 국가대표 출신 선수나 코치들에게 조언을 구하고 내 몸에 적용하며, 꾸준히 나만의 방식을 구축해왔다.

진료실에서의 정밀함과 훈련장에서의 과감함은 서로 충돌하지 않았다. 오히려 두 태도는 서로를 보완하며 내 삶의 균형을 잡아주었다. 치과 진료의 치밀함은 내게 안전의 중요성을, 운동의 실험 정신은 도전의 즐거움을 가르쳐줬다. 이 두 세계가 어우러지며 일에서도 운동에서도 시너지가 발휘되었다.

진정한 워라밸은 단순히 '일과 생활의 분리'만을 의미하지 않는다. 퇴근 후 삶이 아무리 여유롭고 자유로워도, 직장에서 보내는 시간이 고통스럽고 소진된다면 진정한 균형이라 말할 수 없다. 마찬가지로 일에 몰입하며 성취감을 얻더라도 집에 돌아와 마음 붙일 곳 없이 소진되고 지친다면 그 역시 불균형이다.

워라밸은, 일과 삶이 서로의 무게를 빼앗는 관계가 아니라, 서로의 균형을 지탱해주는 관계일 때 비로소 지킬 수 있다. 하루 중 절반 이상을 보내는 일터에서의 시간이 의미 있고 안정감 있을 때, 퇴근 후의 삶도 훨씬 더 충만해진다. 반대로 가정이나 개인의 삶에서 정서적 에너지를 회복할 수 있을 때, 다시 업무에 집중할 힘도 생긴다.

결국 진정한 워라밸은 '구분'이 아니라 '조화'의 문제다. 일과 삶이 서로를 지탱할 수 있을 때 우리는 일에서도, 삶에서도 만족을 느낄 수 있다. 일하며 소진되지 않고, 쉴 때도 운동하며 무기력하지 않은 상태에서 자신의 리듬을 지키며 살아가는 삶, 그것이 바로 내가 추구하는 워라밸이다.

결국 운동은 일하는 우리 모두에게 직접적인 도움을 준다. 운동을 꾸준히 하는 사람은 그렇지 않은 사람에 비해 집중력과 인지 기능이 향상되고, 스트레스로부터 회복력도 높다는 연구 결과가 있다.[7] 규칙적인 신체 활동은 뇌에 더 많은 산소를 공급하고, 스트레스를 낮추는 호르몬 분비를 촉진한다. 결과적으로 더 맑은 머리, 더 빠른 판단, 더 강한 감정 조절력을 얻게 된다.

운동은 단기적인 기분 전환을 넘어서, 장기적으로 생산성을 높이는 자기관리 도구다. 단 20분의 가벼운 조깅만으로도 기분이 전환되고, 하루의 일과가 더 유연하게 풀리기도 한다. 리더십을 발휘하거나 복잡한 문제를 해결해야 할 때, 운동으로 다져진 체력과 심리적 안정감은 눈에 보이지 않는 경쟁력이다. 운동은 단지 '건강 관리' 차원이 아니라, 지속가능한 커리어와 삶의 질을 위한 핵심 루틴인 셈이다.

그러니 당신이 지금 어떤 일을 하든, 어떤 위치에 있든, 운동은 당신의 '성과'를 끌어올리는 가장 확실한 투자가 될 것이다.

노후 대비,
돈보다 먼저 준비해야 할 것

우리는 자주 흔들린다. 지금 내가 잘 가고 있는지, 앞으로 어디에 닿게 될지 확신이 서지 않는다. 아르바이트를 하든, 대기업에 다니든 미래에 대한 불안을 안고 산다. 그래서 사람들은 부업을 찾고, 이직을 고민하고, 재테크에 몰두하며, 창업을 꿈꾸기도 한다.

치과의사라고 하면 그런 고민이 없겠거니 하는 사람도 있지만, 나도 그런 불안에서 자유롭지 않다. 아무리 안정적인 직업일지라도 건강하지 못하면 의미가 없다. 손목이 아프면 진료할 수 없고, 허리가 굽으면 오래 서 있을 수 없다. 체력이 떨어지면 집중력도 함께 떨어진다. 결국 가장 확실한 노후 대비는 건강한 몸이다.

나는 초등학교 1학년 때부터 운동을 해왔다. 또 치대

시절, 잠이 부족한 와중에도 점심시간 30분 또는 새벽 시간을 쪼개 헬스장에 들렀다. 누구보다 피곤했고, 누구보다 바빴지만 운동을 놓지 않았다.

심폐지구력을 위한 유산소, 민첩성과 자세 안정을 위한 근력운동을 병행했고, 체형의 불균형을 보완하기 위해 달리기와 코어 강화 훈련도 게을리하지 않았다. 특히 나는 순간적인 힘을 내는 백근이 많은 체질이다. 그래서 장거리 사이클 코스에서는 젖산이 빨리 쌓여버린다. 그 약점을 보완하기 위해 지금도 달리기와 웨이트 트레이닝으로 균형을 맞추고 있다.

운동이 주는 가치는 시간이 지날수록 점점 더 분명해졌다. 시간을 내어 운동하면 공부할 때 오히려 집중력이 높아졌고, 스트레스를 이겨내는 힘도 생겼다. 무엇보다 체력이 뒷받침되니까 하루 종일 지치지 않고 활기차게 생활했다. 지금도 하루 종일 환자를 보고 늦은 시간까지 일상에 임할 수 있는 이유도 운동 덕분이다.

운동은 단순히 건강을 위한 수단이 아니다. 불확실한 미래 속에서 나를 지탱해주는 가장 확실한 기반이고, 흔들릴 때마다 다시 중심을 잡게 만드는 나만의 중심축이다.

30대까지는 노화를 느끼지 못하는 사람이 많다. 그런데 40대가 되면 "예전 같지 않다"라고 말하기 시작한다. 더 나이가 들면 "나이 들어서 어쩔 수 없다"라며 체력 저하를 당연하게 받아들인다.

그러나 나이가 들수록 어깨가 굽고, 걸음이 느려지는 이유는 운명도, 질병도 아니다. 관리하지 않은 결과일 뿐이다. 운동하지 않던 사람이 중년이 되어 처음 헬스장에 가는 일은 부담일 테다. 그렇기 때문에 더욱이 지금 시작해야 한다.

노화를 막지는 못할지라도, 요즘 유행하는 '저속노화'라는 말처럼 노화를 느리게 만들 수는 있다. 근력을 만들고 꾸준히 관리하며 체력을 유지한 사람들은 저속노화를 이룰 수 있다. 백 세 시대에 허리를 곧게 펴고 두 발로 당당히 걸으며, 사회생활도 하고 여가도 누리려면 운동하는 삶은 필수다.

운동은 단지 오늘을 위한 행동이 아니다. 삶을 떠받치고 미래를 준비하는 자산이다. 이를 '근자산'이라고 부른다. 나이 들어서도 허리 펴고, 힘 있고 당당하게 걷고 싶다면 더 늙기 전에 근자산을 쌓자. 근자산은 단순히 외모

나 체형이 아니라, 삶의 방향을 바꿔주는 실질적인 자산이다.

주식은 폭락할 수 있고, 부동산은 거품이 꺼질 수 있으며, 직업은 사라질 수도 있다. 하지만 건강한 근육과 체력은 어떤 상황에서도 흔들리지 않는다. 오히려 나이가 들수록 그 가치가 빛을 발한다. 80세에도 계단을 오르내릴 수 있고, 90세에도 스스로 걸을 수 있다면 그것이야말로 진정한 부가 아닐까.

건강은 로또처럼 한꺼번에 모을 수 없다. 조금씩, 오래도록, 지속적으로 모아야만 의미가 있다. 워런 버핏은 "가장 좋은 투자는 시간의 복리를 이용하는 것"이라고 했다. 그가 말한 시간의 복리 효과는 투자뿐만 아니라 우리 몸에도 적용된다. 매일 조금씩 투자한 운동이 수년, 수십 년에 걸쳐 쌓이면, 그 누적 효과는 단순한 합산을 넘어선다.

젊을 때 쌓은 근력이 중년의 활력을 만들고, 중년의 체력 관리가 노년의 건강을 지켜준다. 나이가 들수록 건강한 신체가 부와 명예보다 더 귀해진다. 그래서 인생 후반전을 건강하게 살고 싶다면 조금이라도 더 젊을 때부터 운동을 시작해야 한다.

그런데 우리는 종종 너무 많은 것을 원하면서 그에 걸맞은 준비를 하지 않는다.

‘하고 싶은 일, 즐기고 싶은 여유, 성취하고 싶은 목표.’

그 모든 것을 동시에 이루기 위해서는 지금 내려놓아야 할 게 있다는 사실부터 인정해야 한다. 늦은 밤 술자리를 줄이고, 주말 늦잠을 포기하며, 퇴근 후 소파에 누워 보내던 시간을 조금이라도 운동에 투자해야 한다. 당장은 여유를 빼앗기는 듯 느껴질 수 있지만, 장기적으로 보면 가장 현명한 투자다. 건강한 몸이 있어야 하고 싶은 일도 할 수 있고, 이루고 싶은 목표에도 다가설 수 있다.

늦지 않았다. 오늘이 남은 날들 중 가장 빠른 날 아닌가. 지금 투자한 근자산이 20년, 30년 후 나의 삶의 질을 결정한다. 돈보다 확실하고, 부동산보다 안전하며, 어떤 금융 상품보다 수익률이 높은 투자가 바로 우리 몸에 대한 투자다. 오늘부터 시작하자. 미래의 내가 지금의 선택에 감사할 테다.

마흔, 무엇이든
다시 가능해지는 시점

인생을 살며 포기하고 싶거나 자기 자신을 의심하는 순간을 마주한다. 나 역시 공부할 때도, 운동할 때도, 일상생활에서도, 관계에서도 수없이 포기하고 싶었던 때가 있었다. 수없이 무너졌고, 죽을 만큼 고통스러웠던 순간도 있었다. 다시 일어나는 것조차 두려웠던 순간도 많았다.

이럴 때 가장 먼저 드는 생각은 자기 의심이다.

'내가 해낼 수 있을까?'

'난 안 될 것 같아….'

그 의심이 습관처럼 자리 잡으면 나에 대한 믿음이 무너진다. 그럴 때마다 나를 다시 일으켜 세운 건 운동이었다.

처음 철인 3종 대회에 도전했을 때, 의심이 가득했다.

'3.8킬로미터 수영, 180.2킬로미터 사이클, 42.195킬로

미터 마라톤. 이걸 하루 만에 완주한다고? 내가 할 수 있을까?'

그러다 우연히 아이언맨 대회의 공식 영상을 보고 마음이 움직였다. 그 영상의 감동은 단순한 스포츠에 대한 관심을 넘어 희망과 열정, 긍지와 감사로 내 안을 가득 채웠다. 그 순간부터 나는 불가능을 가능으로 바꾸는 여정을 시작했다. 그렇게 내가 '할 수 있다'라고 믿기 시작한 순간, 변화는 시작되었다.

운동이 내게 가르쳐준 교훈은 '꾸준히 하면 된다'였다. 처음엔 사이클은 20킬로미터만 타도 다리가 풀렸다. 하지만 포기하지 않고 꾸준히 하다 보니 어느 순간 180킬로미터를 사이클로 달릴 수 있는 날이 왔다. 마라톤 풀코스를 완주하고도 바로 육아를 할 수 있는 체력이 되었다.

운동만큼 정직한 게 또 있을까? 우리 몸은 노력한 만큼 결과를 보여준다. 세상에서 내 뜻대로 바꿀 수 있는 유일한 무언가는 내 몸밖에 없다.

처음엔 누구나 서툴고 부족하다. 하지만 꾸준히 하다 보면 한 달 전보다, 3개월 전보다, 1년 전보다 더 나은 나를 발견하게 된다. 사람마다 속도는 다를지언정 어제의 나보다는 오늘 반드시 나아진다. 그리고 어느새 목표 지점에 도달한 자신을 발견하게 된다.

철인 3종뿐만 아니라 모든 도전이 처음에는 버겁고 두렵다. 그래서 우리는 지레 겁먹고 자신을 과소평가한다.

'내가 할 수 있을까? 나는 안 될 것 같은데.'

하지만 한 발 내디뎌보면 알게 된다. 안 된다고 생각했던 일이 어느새 자연스러워지고, 불가능해 보였지만 어느 순간 나의 '기본'이 된다.

부정적인 생각은 우리를 가두고 한계를 만든다. 긍정적인 믿음은 그 한계를 부수고, 가능성의 문을 열어준다. 나는 불안과 두려움이 밀려올 때면 의식적으로 긍정의 언어를 떠올린다.

'나는 할 수 있다.'

'내가 못 할 게 뭐가 있어.'

'나는 반드시 해낸다.'

이 말들을 반복하며 내 몸과 마음을 설득한다. 이렇게 하면 어느새 부정적인 감정은 희미해지고, 목표를 향해 나아가는 발걸음은 가벼워진다.

'나는 완주할 거야.'

그 과정에서 긍정이야말로 가장 큰 원동력이 된다. 그 믿음과 희망으로 나는 꾸준히 걷는다. 걸음을 멈추지 않는 한 결국 앞으로 나아간다. 그 과정에서 내면이 점점 단단해진다.

사실 우리가 불가능하다고 여기는 일들은 대부분 아직 도전해보지 않았거나, 충분히 해보지 않은 일들일 뿐이다. '이걸 어떻게 해내지?'라는 생각이 들 때마다 나는 자신에게 묻는다.

'왜 안 된다고 생각하지? 해보기 전에는 모르는 건데?'

그렇게 도전했고, 대부분 해낼 수 있었다. 해내지 못하더라도, 실패하더라도 그 경험에서 무언가를 배웠다. 앞으로도 삶의 모든 영역에서 새로운 도전은 끊임없이 주어질 테다. 그 과정에서 내가 나 자신을 믿는 순간, 이미 반은 이루어진다. 믿어도 좋다. 정말 좋은 일은 움직이는 사람에게 찾아온다.

3장

이제 운동은
선택이 아닌
생존의 문제

: 바쁜 일상에 운동을
끼워 넣는 현실적인 전략

작심삼일을 끝내는
유일한 방법

나는 원래 아침형 인간은 아니었다. 오히려 철저한 저녁형 인간이었다. 하지만 철인 3종을 준비하면서 새벽 훈련을 강제로 했다. 러닝 수업은 새벽 6시 30분, 장거리 러닝이 있는 날은 새벽 5시 30분까지 집결해야 했다. 알람을 다섯 개나 맞춰놓고도 불안해서 일찍 깬 날도 있고, '10분만 더…' 하다 잠들어버린 날도 있었다.

어찌됐든 선택은 하나였다. 불평하지 않고 그냥 가는 것. 지옥 같았던 첫 달을 넘기고 나니, 어느 순간 그 시간이 편안해졌다. 어느새 새벽 러닝이 몸에 익었다. 10킬로미터, 20킬로미터, 나중에는 30킬로미터를 달리고 출근하는 날이 일상이 되었다.

이때 습관의 힘이 의지보다 강하다는 사실을 실감했

다. 처음이 어렵고, 일주일이 괴롭고, 한 달이 힘들지 계속
하면 당연한 일이 된다.

의지력에는 한계가 있다. 아무리 강한 의지를 가진 사
람도 매일 '할까, 말까'를 고민하면 결국 지친다. 하지만
습관이 되면 생각할 필요가 없다. 아침에 일어나 세수하
듯이 새벽에 일어나 당연하게 러닝화를 신는다.

이제 운동은 내 삶의 일부가 되었다. 억지로 하는 일이
아니라 물 흐르듯 하는 일이다. 퇴근 후 나의 생활은 수년
째 일정하다.

- 퇴근 후 바로 운동을 가거나 저녁을 먹고 운동을 간다.
- 보통 주 2회, 저녁 7시에 1시간 보강 운동을 한다.
- 주 2~3회는 저녁 9~10시에 수영을 한다.
- 약속도 없고 운동 스케줄도 없는 날, 날씨가 좋으면
  치과에서 집까지 7킬로미터 거리를 뛰어서 퇴근한다.
- 철인 3종 대회 준비 기간에는 주 1~2회는 새벽에 사이
  클을 타거나 러닝을 한다.

이처럼 반복된 생활을 멈추지 않았기 때문에 마라톤
을 완주하고, 철인 3종에 도전하고, 자유형 100미터에서
한국 마스터즈 신기록까지 바라볼 수 있었다.

운동에서 익힌 습관의 힘은 직업상 성과로도 이어졌다. 졸업 후에도 꾸준히 논문을 읽고 썼다. 게재된 치과 논문만 13편이고, 그중 SCIE 논문만 8편이다. 보통 박사학위를 받은 의료진의 논문 수는 학위 논문을 포함해 2~3편, 많으면 4~5편이다. 졸업 후에는 교수가 아닌 이상 논문을 쓸 일도 없을 뿐더러 쓰려고 하지도 않는다.

치료의 정확성과 이론적 깊이를 유지하려면 정보를 습관처럼 소비하고 정리하는 습관이 필요하다. 나는 궁금한 무언가가 생기면 논문부터 찾고, 그렇게 찾고 정리한 자료를 바탕으로 세계 각국에서 세미나를 열고 있다.

이 모든 일의 시작은 단순했다.

"조금 더 해보자."

그 작은 반복이 지금의 나를 만들었다.

의지를 지속하는 작은 습관의 힘

우리는 자주 말한다.

"의지만 있다면 못 할 게 없다."

하지만 나는 다르게 생각한다. 의지는 출발의 연료일 뿐이고, 지속시키는 것은 결국 설계된 루틴이다.

나도 사람인지라 운동하기 싫은 날도 많다. '나는 운동선수도 아닌데 왜 이렇게까지 하지?' 싶을 때도 있다. 운동하기 싫은 날은 이런 생각이 더 나기 마련이다. 하지만 매번 나를 다시 움직이게 하는 원동력은 의지가 아니라 습관이다.

예를 들면 수영 훈련을 할 때 50미터를 14번 오가기로 했다. 그런데 10번이 넘으면 점점 해이해지다가, 꼭 한두 번을 덜 한다. 매번 다음엔 다 해야지 다짐하지만, 꼭 한두 번 빼먹는다. 나쁜 습관의 흐름을 탄 것이다.

'어차피 또 할 거니까. 다음 기회가 있으니까. 이거 하나 더 한다고 달라질까? 오늘 나름 열심히 했어.'

한 번 쉬기 시작하면 자기합리화가 뒤따른다. 안 해도 되는 이유를 기어코 찾아낸다. 사소해 보이지만 반복되면 제자리걸음이다.

그러다 어느 날에는 힘이 넘쳐서 14번을 다한다. 그러면 너무 뿌듯하다. 그 뿌듯함을 맛보면 다음부터는 개수를 빼먹는 날이 거의 없어진다. 좋은 습관의 흐름에 올라탄 것이다. 이렇게 할 수 있었던 이유는 하나를 빼먹을지언정 꾸준히 했기 때문이다. 전혀 안 하다가 어느 날 갑자기 습관이 될 수는 없다.

작은 행동을 반복하면 습관이 되고, 습관은 결국 나의

일부가 된다. 처음엔 어렵게 느껴지지만 어느 순간 당연한 일상이 된다. '한 번 더', '조금 더'라는 선택의 반복이 결국 나를 성장시킨다.

운동이 힘들다고 귀찮게 생각하지 말고 삶의 일부로 만들자. 마치 끼니를 챙겨 먹듯, 점심 식사 후 커피 한잔 마시듯 루틴을 만들면 이만큼 쉬운 일도 없다. 의지에 의존하지 말고 자신에게 맞는 루틴을 찾아 일상으로 만들어 나가자.

루틴의 힘:
의지는 배신해도 습관은 남는다

2018년 6월, 첫 철인 2종 대회에서 5킬로미터를 달리고, 7월부터 거리를 조금씩 늘려갔다. 하지만 가장 큰 장벽은 '꾸준함'이었다.

하루가 끝나면 나도 몸이 무겁고 마음이 지친다. 아무 일도 안 하고 푹 쉬고 싶다는 생각이 든다. 피로나 귀찮음은 누구나 느낀다. 차이는 그것을 어떻게 다스리고 극복하느냐다.

귀찮다는 생각이 들 때마다 마음을 다잡고 수영장으로 향한다. 그 순간 내가 세운 목표를 다시 마음속에 새긴다. 그리고 매일 조금씩, 꾸준히 앞으로 나아간다. 이 꾸준함은 어느새 습관이 되고, 나를 움직이는 원동력이 된다.

하루 동안 쌓인 피로를 이겨내는 습관은 누구에게나 필요하다. 나에게는 운동이 그런 역할을 한다. 운동은 피로를 잊게 하고, 지친 마음에 에너지를 채워준다. 무엇보다 내가 내 삶을 주도한다는 감각, 내가 원하는 방향으로 나아간다는 믿음을 심어준다.

우리는 자주 스스로에게 변명의 여지를 준다.

'오늘은 피곤하니까 내일부터 하자.'

'지금 이걸 한다고 뭐가 달라지겠어?'

하지만 진짜 변화를 만든 사람들은 그 핑계를 지우고, 지금 당장 움직인 사람들이다.

"오늘 할 일을 내일로 미루지 말자."

누구나 한 번쯤은 들어본 말이지만 이 단순한 문장을 진짜로 꾸준히 실천하는 사람은 많지 않다. 그래서 이 다짐이 더욱 귀중하다. 운동할 시간을 만들고, 워라밸을 유지하는 비결은 결국 오늘 할 일을 내일로 미루지 않는 의지이다.

나는 운동을 통해 오늘을 미루면 목표에서 멀어지고, 스스로에 대한 신뢰 또한 조금씩 무너짐을 몸소 배웠다. 철인 3종 훈련도, 치과 진료도 마찬가지였다. 매일 훈련 계획을 미루면 기록은 뒤처지고, 진료에서 작은 타협을 하면 환자의 신뢰는 깨진다. 그래서 나는 내일을 위한 오늘을 절대 가볍게 넘기지 않는다. 환자와의 약속을 내일로 미룰 수 없듯, 운동을 포함한 오늘 할 일 역시 최선을 다해 완수한다.

운동을 하며 나와의 약속을 지키는 법을 배웠고, 하루하루를 밀도 있게 살아가는 힘을 얻었다. 그 에너지는 다시 진료실로 돌아와, 더 나은 의료인, 더 집중력 있는 삶으로 이어진다.

오늘을 충실히 살아가는 일이 때로는 고통스럽고 힘들게 느껴질지라도, 내일의 나에게는 그만큼 큰 성취감과 자신감을 선물한다. 실제로 이런 태도가 직업적 성과와 개인적 성장을 모두 이끌어주었다.

3분의 1의 법칙: 꾸준함의 비결

무언가를 오래 지속하지 못하는 이유는 단순하다. 그 행위가 내 삶에 왜 중요한지, 어떤 가치를 주는지 명확히 모르기 때문이다. 습관은 '해야 하니까'가 아니라, '하고 싶어서'가 되어야 오래간다.

내가 꾸준함을 유지할 수 있었던 이유는 세 가지였다.

마흔, 달려야 산다

① 목표보다 이유에 집중했다. 1등이 목적이 아니라, 그 과정에서 얼마나 성장할 수 있는지에 집중했다.

② 작은 성취를 즐겼다. 기록이 아니라, 루틴을 지킨 나에게 박수를 보냈다.

③ 함께하는 힘을 믿었다. 동료의 응원과 존재감으로도 동기부여가 확실했다.

미국 육상 국가대표 알렉시 파파스의 인터뷰 영상이 기억난다. 그녀가 훈련을 제대로 소화하지 못하고 좌절해 있을 때 코치는 그녀에게 이렇게 말했다고 한다.

"꿈을 좇거나 훈련할 때, 3분의 1은 기분이 좋고, 3분의 1은 무덤덤하며, 나머지 3분의 1은 지독하게 힘든 게 당연하다. 이 비율에 맞게 느낀다면 잘하고 있다."

오늘 힘들고 좌절했더라도 다음 훈련 때는 능률이 올라 즐거울 수 있으니 하루하루에 연연하지 말라는 뜻이다. 오히려 매번 훈련이 힘들지 않고 상쾌하기만 하다면, 지금의 한계를 뛰어넘어 더 성장할 수 있는데도 그 기회를 놓치고 있는 것인지 모른다. 반대로 매번 힘들기만 하다면 휴식이 필요하다는 뜻이다. 훈련과 회복, 두 리듬이 균형 있게 함께 가야 비로소 성장은 완성된다.

이러한 '3분의 1의 법칙'은 인생에도 그대로 적용된다.

목표를 이루고자 할 때는 성취와 좌절이 롤러코스터처럼 교차하기 마련이다. 한 번 좌절했다고 포기한다면 그다음의 성취를 기대할 수 없다. 그러니 일희일비하지 않고, 포기하지 말아야 한다. 오늘이 무겁고, 버겁고, 의미 없어 보여도 그날이 바로 당신을 단련시키는 3분의 1의 날일지도 모른다.

매일 기분 좋고 의욕 넘치는 날만 있을 수 없다. 인생도 3분의 1은 지루하고, 또 3분의 1은 정말 견디기 힘든 시간이다. 이 비율을 받아들이면 실망도, 초조함도 덜하다.

'오늘은 좀 쉬어도 되지 않을까?'라는 유혹이 밀려올 때, 그 순간 발걸음을 돌리는 사람과 끝까지 가는 사람은 그 사이가 점점 벌어져서 아주 큰 차이를 만들어낸다. 지금 땀을 흘리면 그 만큼 다음번에는 조금 덜 힘들어진다. 이를 잘 알기에 나는 몸 상태가 다소 좋지 않은 날에도 훈련장으로 향한다.

그렇게 쌓인 하루하루는 어느새 당연하게 나를 움직이는 힘이 되었다. '조금 덜해도 되겠지'라는 핑계가 하나씩 늘어날 때 실력은 정체되거나 후퇴한다. 하지만 꾸준히 밀어붙이면 결국 원하는 결과를 얻게 된다.

철인 3종을 하며 그 사실을 수없이 경험했다. 자신감

 마흔, 달려야 산다

에 차서 출발했다가 통증과 좌절 앞에서 무릎 꿇을 뻔한 순간도 있었다. 그러나 그때마다 주변의 응원 한마디, 물 한 모금, 내 안의 작은 목소리가 나를 앞으로 밀어줬다.

'괜찮아, 여기까지 왔잖아. 한 걸음만 더 가보자.'

그 한 걸음이 쌓이면, 우리는 결국 원하는 곳에 도달한다. 그러므로 운동은 단순히 몸을 움직이는 선택이 아니다. 내일을 준비하는 가장 현실적인 선택이다.

운동을 포함해 하루를 다시 짜다

나는 중학교 2학년 때 미국으로 유학을 갔다. 낯선 미국에서 유학생 신분으로, 학교 기숙사에서 생활했다. 사춘기 질풍노도 시기에 생활환경이 크게 변한 것이다. 혼란과 혼돈의 시기였지만 그럼에도 운동 덕분에 나름 잘 적응할 수 있었다.

미국 고등학교는 방과 후 운동 활동이 필수였다. 계절마다 다른 종목을 선택해 축구, 라크로스, 농구, 스노우보드 등 다양한 팀 운동을 했다. 한국에서라면 학원에 다니느라 운동하고 싶어도 못 했을 텐데, 운동이 필수여서 정말 좋았다. 운동을 잘한 덕분에 인종차별도 못 느낄 정도로 학교생활이 즐거웠다.

고등학교 3학년 때는 SAT와 내신에 집중하기 위해 운동을 잠시 쉬었다. 그런데 공부 시간은 늘지 않았고, 오히려 집중력과 성과가 떨어졌다. 남는 시간에 오히려 낮잠을 자거나 드라마를 보거나 의욕 없는 상태로 흘려보내기 일쑤였다. 안 되겠다 싶어 다시 운동을 시작했더니, 더욱 집중해서 공부할 수 있었다. 운동 후엔 몸이 개운했고, 오히려 공부 효율도 높았다.

이런 학창 시절을 보내면서 운동은 나의 일상에서 빠질 수 없는 루틴이 되었다. 공부도 하고 운동도 해야 하니, 시간을 효율적으로 관리하는 법을 자연스럽게 익혔다.

누군가는 잠을 줄여서 운동 시간을 확보하기도 한다. 그런데 나는 잠을 줄이는 것이 가장 힘들다. 나처럼 수면이 부족하면 오히려 생산성이 떨어지는 사람도 있다. 중요한 사실은 무작정 누군가의 방식대로 시간을 계획하는 것이 아니라, 자기 성향에 맞춰 '비워낼 시간'을 찾는 것이다.

일상을 완주하는 4단계 시간 관리법

나의 경우 운동과 수면 시간을 충분히 확보하는 대신 남은 시간을 잘 활용하는 편을 택한다. 그래서 생긴 습관이 '계획 세우기'이다. 해야 할 일을 적고, 하나씩 실행하며 시간을 효율적으로 관리한다.

하루를 더 잘 살아내기 위해 나는 시간을 다음 4단계로 계획하고 관리한다.

1단계: 큰 목표를 설정한다

우선 가장 큰 계획을 적는다. 1년 계획일 수도 있고, 향후 몇 년의 계획일 수도 있다. 나는 업무 계획과 운동 계획을 둘 다 세운다. 일에서의 목표와 원하는 방향을 설정하는 동시에 운동에서는 올해 나갈 대회들을 정리한다. 물론 중간에 변동이 생길 수 있지만, 큰 그림을 그려두면 우선순위를 정하기 쉽다.

2단계: 월별 계획을 세운다

연 단위의 계획을 세우고 다시 월 단위로 구체화한다. 이번 달에 뭘 해야 할지 쭉 적는다. 기한도 같이 적는다. 기한에 맞춰 우선순위를 정한다. 중요한 일정을 소화할 시간을 먼저 확보한 뒤, 운동 시간을 적는다. 운동은 남는 시간이 아니라, 계획에 함께 포함되어야 한다.

3단계: 주별 계획을 세운다

한 주간 할 일들을 적는다. 이때는 포스트잇을 활용한

다. 포스트잇에 할 일들을 적고, 매일 보는 컴퓨터 모니
터에 붙인다. 계획에 없었던 일이 생길 수도 있는데, 그
런 일들도 포스트잇에 붙여서 잊지 않도록 한다. 꼭 모
니터가 아니어도 자주 보는 곳에 붙이면 할 일을 떠올리
는 데 도움이 된다. 포스트잇이 마치 나에게 무언의 잔
소리를 하는 것처럼 말이다.

4단계: 일별 계획을 세운다

매일 아침, '오늘 할 일' 목록을 적는다. 아무리 바빠도,
그날 해야 할 일을 쓴다. 이때 운동도 '할 일'로 포함한
다. 하루의 방향을 정해주는 이 메모 습관이 하루 전체
를 다르게 만든다.

이렇게 하면 자연스레 하루를 '완주'하는 감각을 얻게
된다. 중요한 일을 빠뜨리지 않고 처리할 수 있을 뿐만
아니라, 운동처럼 스스로를 위한 시간도 소홀히 하지 않
는다. 이때 꼭 해야 하는 일 중에서 작고 쉬운 일부터 한
다. 허들을 낮추면 실행력이 높아지고, 할 일 목록이 빠
르게 줄어들어 심리적 부담도 같이 줄기 때문이다.

누구에게나 24시간이 주어진다. 누군가는 그 안에서
운동까지 해낸다. 그 차이는 결국, 계획이다. 나는 이 습관

덕분에 운동 시간을 확보하고, 삶의 다른 목표들을 이루
는 데도 도움을 받았다.

이렇게 계획을 세우고 실행하면 하루하루를 완주하는
마음으로 살게 된다. 오늘 할 일을 모두 끝내는 그 성취감
은 다음 하루를 살아가는 에너지가 된다. 그렇게 하루를
완주하다 보면, 어느 날 스스로에게 이렇게 말할 수 있다.

"나는 매일 결승선을 통과하고 있다."

내가 운동한다고 하면 주변에서 이렇게 묻곤 한다.

"도대체 언제 운동하세요?"

치과를 운영하던 시절 나는 주 6일을 근무했다. 평일은 오전 10시부터 7시까지, 토요일은 오후 2시까지. 주말에는 되도록 가족과 시간을 보냈다. 그렇다고 잠을 줄이거나 억지로 나를 몰아붙이지는 않았다. 나에게 수면은 생산성을 위한 필수 조건이기 때문에 8~9시간은 반드시 확보했다. 그런데 어떻게 운동할 시간이 나느냐고? 내 대답은 단순하다.

"새벽과 밤이 있잖아요."

'조금만 더 눈 붙였다가', '이것만 보고(하고) 해야지' 하다가 벌써 오전이 다 지나버린 경우가 종종 있다. 하루의 절반을 허비한 뒤에야 겨우 뭔가를 시작하는 경우가 많다. 사실 아침을 활용하지 않으면, 하루 중에 많은 시간을 흘려보낸 것과 다름없다.

반대로 아침을 잘 쓰면 하루 리듬이 달라진다. 일찍 일어나 하루를 준비한 날과 늦게 일어나 허겁지겁 하루를 시작한 날의 생산성은 완전히 다르다. 보통 오전 9시부터 12시까지의 집중력, 창의력, 사고력은 오후보다 훨씬 더 또렷하고 강력하다.

특히 새벽 운동은 방해 요소가 없다는 점이 가장 큰 장점이다. 새벽 5시에 전화를 걸어오는 사람은 없다. 갑작스러운 야근이나 약속이 생기지도 않는다. 고요한 새벽은 그야말로 온전히 나만의 시간이다. 운동으로 하루를 시작하면 이미 하나의 성취를 이룬 셈이다. 그 에너지가 하루 종일 지속된다.

많은 성공한 기업가와 리더가 중요한 미팅과 결정을 오전에 하며, 새벽을 활용하는 이유도 우연이 아니다. 애플의 CEO 팀 쿡은 새벽 4시 30분에 일어나 운동하고, 스타벅스의 CEO 하워드 슐츠는 새벽 4시 30분에 일어나 사이클을 탄다. 그들은 해가 뜨기 전 세상을 먼저 만나는 사람들이고, 누구보다 하루를 먼저 준비하는 사람들이다.

그러니 어떤 예측 불가능한 일이 벌어지더라도 이미 중심을 잡은 상태이기에 맞설 준비가 되어 있다.

물론 밤에 더 집중이 잘되고 능률이 오르는 저녁형 인간도 있을 테다. 아무리 노력해도 아침 일찍 일어나는 게 힘든 사람도 있다.

나도 새벽 시간만 활용하지는 않는다. 밤에도 적극적으로 운동한다. 앞서 말했듯 퇴근 후 러닝으로 귀가하기도 한다. 하루의 긴장이 가라앉고 조용해지는 시간, 나만의 루틴으로 몸을 움직이면 정신이 정돈된다. 진료로 지친 몸과 마음을 되돌리는 데도 큰 도움이 된다.

운동을 하루의 마침표로 삼는 것도 좋다. 피곤할 때도 있지만, 그 시간만큼은 나 자신을 돌보는 시간이라 생각하면 회복을 누릴 수 있다.

선택과 몰입으로 시간의 밀도를 높여라

시간은 누구에게나 공평하게 주어진다. 누구도 예외는 없다. 빌 게이츠도, 세계적인 운동선수도, 우리 이웃도 그리고 나도, 모두 똑같이 하루 24시간이라는 시간을 부여

받는다.

그중 8시간은 잠을 자고, 9시간은 일에 매진한다 가정해도, 여전히 7시간이 남는다. 운동은 그중 1~2시간을 할애하면 충분하다. 문제는 '시간이 있는지 없는지'가 아니라, '어디에 시간을 쓰기로 선택했는지'이며, '그 시간에 얼마나 몰입했는지'이다.

많은 사람이 "시간이 없어서 운동을 못 한다", "글을 쓰고 싶지만 바쁘다", "내가 좋아하는 일을 할 여유가 없다"라고 말한다. 하지만 정작 하루가 어떻게 흘러갔는지를 들여다보면, 무심코 흘려보낸 자투리 시간이 적지 않다. SNS와 유튜브 영상을 '잠깐만' 보다 보면 1~2시간은 금방 지나간다.

그래서 '우선순위 관리'가 진짜 중요하다. 모든 일을 다 하려 하기보다, 내가 무엇을 가장 중요하게 생각하는지 선별하고 집중해야 한다. 이런 관점에서 나는 두 가지를 실천한다.

첫째, 일할 때는 철저히 휴대폰을 내려놓는다

알림도 모두 꺼둔다. 딴짓을 하지 않고 그 시간만큼은 오롯이 일에 집중한다. 그러면 3시간 걸릴 일을 1시간만에 끝낼 수 있다. 집중도가 높아지면, 시간의 밀도가 달라진다. 마치 한 컵의 커피에 에스프레소를 진하게 추출한 듯한 느낌이다. 같은 시간인데도 더 많은 일을 해냈다는 성취감, 그 여유가 운동을 가능하게 하고, 가족과의 시간도 풍성하게 만들어준다.

둘째, 평일에는 사적 약속을 최소화한다
주말에 가족과 온전히 보내려면 평일의 시간을 아껴 써야 한다. 중요한 저녁 약속이 있다면, 그 하루를 위해 나머지 평일의 시간을 더욱 철저히 설계한다. 마찬가지로 운동할 시간이 새벽밖에 없으면, 피곤해도 일어난다. 운동은 어느 틈에 비집고 들어오지 않는다. 내가 의지적으로 사수해야 한다.

사람마다 바이오리듬이 다르다. 누군가는 아침형 인간이고, 누군가는 저녁형 인간이다. 그러니 특정 시간대를 무조건 따라 할 필요가 없다. 내가 깨어 있고 집중할 수 있는 시간대에 중요한 일을 배치하고, 그 시간 동안 방해받지 않고 몰입하는 환경을 만들면 된다.

시간을 쪼개어 쓰지 않고, 깊이 있게 쓰는 법을 배워야 한다. 표면적으로 바쁘게 흘려보내는 하루와 몰입해서 의미 있게 쌓아가는 하루는 다르다. 2시간 하는 운동이 단순한 소모가 아니라 나를 단단하게 만드는 투자임을 깨닫게 되면, 시간은 더 이상 부족한 자원이 아니라 내가 설계하고 누릴 자원이 된다.

운동도, 자기계발도, 인생의 모든 도전은 결국 시간을 다루는 전략에 달려 있다. 스스로에게 물어야 한다.

"내가 정말 시간이 없는 걸까? 아니면 지금 내 삶의 우선순위가 불분명한 걸까?"

그리고 이렇게 다시 다짐하자.

"오늘 하루의 밀도를 높이겠다. 선택하고, 집중하고, 완주하겠다."

이런 작은 의식 하나가 오늘을 다르게 만들고, 결국 삶 전체를 바꾸는 시작이 된다.

지금 이 순간을
선택하는 연습

우리는 '시간이 없어서'라는 말을 습관처럼 내뱉는다. 바쁜 일정, 쏟아지는 업무, 끝없는 약속… 하루가 늘 빠듯하고, 일에 치이고, 해야 할 일에 밀려 뭔가를 더 시도하거나 도전할 여유가 없다고 여긴다. 운동도 마찬가지다.

"운동할 시간이 없어요."

이유도 여러 가지다.

"오늘 하루는 정말 바빴어."

"컨디션이 좋지 않아."

"오늘은 할 기분이 아니야."

온갖 이유를 대며 자기합리화를 한다. 그런데 정말 시간이 없어서 운동을 못 했을까?

나는 치과 진료와 사업, 가정생활을 병행하면서도 운

동을 쉬지 않았다. 주 6일 진료를 마치고, 저녁이면 훈련장으로 향했다. 저녁 7시에는 퍼포먼스 트레이닝, 8시나 9시에는 수영을 했다. 주말에는 대회가 잡혀 있으면 참가했고, 그렇지 않은 날엔 가족과 시간을 보냈다. 시간이 없어서 운동을 못 한다는 말은 핑계다.

대개 운동을 하더라도 시간 활용을 잘 못한다. 내가 경험한 바로는, 운동의 성과는 단순히 '얼마나 많은 시간을 투자했느냐'로 결정되지 않는다. 오히려 한정된 시간을 어떻게 활용하느냐가 핵심이다.

같은 시간이라도, 어떤 마음가짐으로 임하느냐에 따라 완전히 다른 결과가 나온다. 시간이 부족하다면 훈련의 밀도를 높이면 된다. 매순간 목표에 집중해서 운동하는 사람과, 같은 시간을 들이고도 건성으로 운동하는 사람의 차이는 분명하다.

시간은 양이 아니라 질이고, 문제는 시간이 아니라 태도다. 30분이라도 온전히 집중하면 충분하다. "시간이 부족해서 기록이 안 나온다"라는 말은 자기합리화일 뿐이다. 집중하지 않고, 의미 없이 흘려보낸 시간이 쌓이면 기록은 멈추고 성장은 정체된다.

얼마나 많은 시간을 쓰기보다 그 시간을 얼마나 가치

있게 쓰는지가 더 중요하다. 시간이 없다고 말하는 대신, 지금 이 순간을 어떻게 쓸지 고민하면 좋겠다.

거창한 결심보다
중요한 작은 시작

시간이 없을수록 나는 더욱더 목표에 집중했다. 사실 시간이 없어서 목표를 이루지 못하는 게 아니다. 목표를 진심으로 원하지 않기 때문에 시간을 만들지 않을 뿐이다. 목표가 간절하면 어떻게든 시간을 만들고야 만다.

하지만 바쁜 일정 속 현실에서는 몸이 피로할 때마다 '오늘은 좀 쉬어도 되지 않을까?'라는 유혹을 받는다. 그 순간의 선택에서 차이가 생기고, 그 차이가 다른 결과를 만든다. 그 사실을 알기 때문에 컨디션이 좋지 않은 날에도 나는 훈련장으로 향했다.

'오늘은 좀 덜해도 괜찮지 않을까?'라는 자기합리화를 뿌리치고 일단 시작하자. 억지로라도 시작하자. 안 해서 하는 후회보다, 시작해보고 하는 후회가 더 낫다. 지금 흘리는 땀은 결코 헛되지 않는다. 몸은 기억하고, 다음번에는 조금 덜 힘들어진다. 그렇게 조금씩, 조금씩 앞으로 나아간다.

계획을 세우고도 실행하지 못했는가? 작심삼일로 끝냈는가? 그렇다면 당신에게는 거창한 결심이 아니라, 아주 작은 시작이 필요하다. 그 시작은 '오늘'이다.

'시간이 없어서'가 아닌 '지금 이 순간을 선택했다'라는 태도로 살아가자. '지금 이 순간'을 선택할 기회는 늘 우리 앞에 있다. 내가 무엇을 선택했는지가 행동을 결정하고, 그 행동이 쌓여 삶을 결정짓는다. 할 일이 있으면 지금 하자. 지금 시작하자.

마흔, 달려야 산다

작은 기본을
쌓는 사람이 결국 이긴다

미국 치대 시절, 나는 미래에 어떤 과를 선택해야 할지 오랫동안 고민하며 결정을 최대한 미뤘다. 여러 과를 경험하며 가능성을 시험하고 싶었다. 하지만 학생 신분으로 다양한 임상을 경험하기란 쉽지 않았다. 그래서 나는 모든 과의 문을 두드렸다.

"교정과 환자 한 번만 보게 해주실 수 있나요?"

"치주과 수술이나 임플란트 하나만 하게 해주세요."

"심미 환자 케이스를 맡아볼 수 있을까요?"

하루 종일 병원을 돌아다녀도 헛수고일 때도 많았다. '내가 뭘 하고 있는 걸까?' 싶은 날도 있었지만 돌아서지 않았다. 포기하지 않았다. 진짜 열정은 결과보다 방향에서 드러나는 법이다. 그렇게 꾸준히 시도하다 보니 교수들이 나를 기억하기 시작했다.

"쟤는 매번 나타나네."

비꼬는 말처럼 들릴 수 있지만, 사실 거기에는 나를 향한 신뢰가 조금씩 스며들고 있었다. 그러던 어느 날, 한 교수가 말없이 내게 환자 차트를 내밀었다.

"이 환자 네가 한번 맡아봐."

첫 번째 문이 열리는 소리였다. 이후 경험이 하나둘 쌓이고, 교수님들과의 관계도 깊어졌다. 결국 내가 원하는 추천서를 받을 수 있었고, 더 깊은 임상의 길로 나아갈 수 있었다. 그 작은 반복이 '깊이'를 만들어냈다.

나는 하루라도 빨리, 더 많이 경험하고 싶었다. 누구보다 진료 속도도 빨랐고, 열정도 컸다. 그러던 어느 날, 한 교수가 내게 이렇게 말했다.

"지금은 빨리한다고 좋은 게 아니야. 정확하게, 교과서대로 해야 해. 속도는 나중에 따라와."

그때는 조급한 마음에 그 말을 이해하지 못했지만, 후배를 가르치는 입장이 되고 나서야 그 말의 깊이를 깨달았다. 깊이 있는 성장은 언제나 작은 기본기에서 비롯된다.

이 깨달음은 운동에서도 그대로 이어졌다. 화려한 퍼

포먼스보다 기본기를 반복하는 일이 더 중요했다. 나는 수영을 배우며 킥과 팔 동작을 수없이 반복했고, 사이클을 탈 때는 기어 조작과 코너링 하나하나를 다시 익혔다. 런지, 밴드 운동, 코어 강화 같은 기초 운동 역시 소홀히 하지 않았다.

이는 치과 진료에서도 마찬가지였다. 라미네이트 시술을 더 잘하고 싶어서 치아 형태학을 다시 공부했고, 10년이 넘도록 진단용 왁스업을 직접 하며 계획을 세웠다.

기초 없이 높이 올라간 실력은 결국 무너진다고 믿는다. 근성과 일관성으로 쌓은 하루하루의 작은 기본들이 모여 실력을 완성한다.

작은 기본을 반복할 때 성장이 찾아온다

어떤 사람들은 '내일부터…', '이거 끝나고 나서…'라며 시작을 미룬다. 그럴 때는 생각해봐야 한다.

'내가 정한 목표가 너무 커서, 시작 자체가 두려운 건 아닐까?'

아주 작은 일부터 해보자. 자고 일어나서 이불 정리를 안 해왔다면, 이불 정리부터 시작한다. 신었던 신발을 바로 신발장에 넣는 사소한 일부터 해본다.

이렇게 작은 일부터 시작하되, 습관이 될 때까지 한다. 작은 일을 습관으로 만들면 자신이 벌써 다른 사람이 되었다고 느껴진다. 자신의 생활을 스스로 바꿀 수 있다는 자신감이 생기는 것이다.

'어? 나 바뀔 수 있네?'

이 느낌이 다음 도전을 더 쉽게 만들어준다.

마라톤도 마찬가지다. 처음부터 풀코스 42.195킬로미터를 뛰는 사람은 없다. 뛰기 전에 걷고, 걷기 전에 기듯이, 단계가 필요하다. 처음에는 1킬로미터부터 그다음에는 2킬로미터, 5킬로미터, 10킬로미터, 15킬로미터, 21킬로미터… 점진적으로 늘려나간다. 그러다 보면 어느새 풀코스를 뛰고 있는 자신을 발견하게 된다.

'시작은 작고 쉬운 것부터'라는 원칙이 자기관리의 핵심이다. 작은 실행이 큰 결과를 만든다. 그것이 자기관리의 진짜 출발점이다. 그렇게 나는 매일 작은 결승선을 넘으며 산다.

운동이 내게 가르쳐준 진리는 아주 단순하다.

"성장은 작고 사소한 행동이 반복될 때 시작된다."

하루 한 번, 내 몸을 일으키는 일, 단 20분이라도 시간을 내서 호흡하고 땀 흘리는 일, 그런 미세한 실천들이 모이고 그 위에 시간이 더해질 때, 나는 '어제보다 더 나은 나'를 마주한다.

수영의 전설 마이클 펠프스를 떠올려보자. 그가 최고의 선수가 되기까지 타고난 체형의 도움도 받았겠지만, 매일 아침 5시에 아무도 없는 수영장에서 수천 번 돌린 스트로크가 있었다. 그의 위대함은 하루의 훈련이 아니라, 자기 자신과 매일 대면하며 반복한 선택들의 결과였다.

우리 몸은 거짓말을 하지 않는다. 얼마나 노력했는지, 얼마나 시간을 들였는지 결국 드러난다. 그것은 근육의 모양보다, 의외로 내면의 태도에서 나타난다.

누군가는 인생을 '로또'처럼 생각한다. 한 방의 행운으로 인생이 확 바뀔 거라는 기대, 기적처럼 찾아온 기회가 나를 어딘가로 데려간다는 환상이 있다. 하지만 현실은 다르다. 삶은 경주라기보다 계단이다. 하루에 한 칸씩, 숨을 고르며 천천히 오르는 단조롭고 꾸준한 반복의 연속이다.

그렇게 반복한 작은 행동들이 일상 전체를 바꾼다. 나도 그랬다. 진료의 집중력, 삶의 회복력, 가족을 안을 수 있는 체력… 모두 달라졌다.

성공하고 싶은가? 그렇다면 오늘 하루, 한 걸음부터

내딛자. 속도는 중요하지 않다. 방향이 맞는다면, 늦어도
결국 도착할 테니까.

마흔, 달려야 산다

잘 쉬는 사람이
오래 달린다

어떤 사람은 항상 열심히 하는데도 성과가 없다. 반면 열심히 안 하는 듯 보여도 결과를 잘 만드는 사람도 있다. 무엇이 다를까? 핵심은 바로 '선택과 집중' 그리고 '회복의 리듬'이다.

나도 예전엔 단기 성과를 위해 무리한 고강도 훈련을 반복했다. 대회를 출전하고 완주하기 위해 휴식도 등한시했다. 그러다 체력도 정신도 모두 무너졌다.

지금은 일주일에 세네 번, 유산소와 근력운동을 나의 몸에 맞게 조율한다. 그 결과, 운동은 더 이상 부담이 아니라 생활의 일부, 건강한 습관이 되어 편안해졌다. 내 리듬과 호흡을 찾은 것이다.

휴식의 중요성은 많은 논문과 실험으로도 증명되어온

사실이다. 운동에도 번아웃 현상이 있는데, 이를 권태기에 빗대어 '운태기'라고 표현하기도 한다.

철인 3종을 한다고 해서 매일 운동하지는 않고, 그래서도 안 된다. 근력운동을 할 때도 하루는 가슴 운동, 다음 날은 다리 운동, 그다음 날은 등 운동…. 이런 식으로 나눠서 한다. 그 이유는 피로가 쌓인 근육이 회복하는 시간을 가져야 더 크고 힘 있게 발달하기 때문이다.

운동선수들조차 의도적인 휴식기를 가진다. 하물며 운동선수가 아닌 일반 사람들이 강도 높은 운동을 매일 하면 오히려 심장과 근육에 해가 될 수 있다. 활성산소가 증가하면 노화가 촉진되고, 부상 가능성까지 커진다.

우리는 업무를 마친 뒤, 운동을 취미와 특기로 하는 사람들이다. 출근 전 새벽 운동 또는 퇴근 후 저녁 운동에 100퍼센트를 쏟는다고 믿고 싶지만, 사실은 현실적으로 불가능하다. 나의 경우 오전 10시부터 오후 7시까지 진료, 저녁 식사 후 9시부터 운동을 시작한다. 이때 내 에너지는 이미 100퍼센트가 아닌 40퍼센트 수준이다. 그 안에서 또다시 100퍼센트를 만들기란 어려운 일이다.

매번 100퍼센트 쏟아내기 위해 너무 애쓰지 않아도 된다. 결국 오래 가지 못하고 지치기 때문이다. 내 경험에서 우러나오는 조언이다. 운동을 오래 꾸준히 즐기려면 몸과 마음이 함께 쉬는 시간이 반드시 필요하다.

양질의 수면과 피부 노화, 관리 노하우

과도한 운동은 신경계를 각성시켜 수면을 방해하는 요소가 된다. 그래서 남은 에너지를 탈탈 털어가며 운동하면 오히려 그날 밤엔 숙면을 못 한다. 당연히 그다음 날에는 더 피곤해진다.

'잠은 보약이다'라는 말을 나는 진심으로 믿는다. 나 같은 경우, 잠을 못 자면 예민해지고, 두통이 오고, 몸이 무거워진다. 치과처럼 예민한 손기술이 필요한 환경에서는 이러한 상태가 의료사고로 이어질 수 있다.

새벽 운동도 마찬가지다. 야근과 회식으로 인해 평소보다 자는 시간이 줄어든다면, 그만큼 몸이 회복하는 퍼센트도 줄어든다. 그런 날이 며칠 반복되면, 내 몸은 '열심히 운동했지만 피로만 쌓인 상태'가 된다.

우리 몸이 가장 편안하고 안정적으로 재충전하는 시간이 바로 잠잘 때다. 적절한 휴식, 영양, 수면이 성장과 회복의 삼각형을 이룬다. 운동을 아무리 열심히 하고, 식단을 철저히 관리해도 수면이 부족하면 회복은 완성되지 않는다.

그런데 현실은 어떠한가. 바쁜 일정, 스트레스 그리고 '한 편만 더…' 하며 밤을 새우게 만드는 영상 콘텐츠까지. 우리는 너무 자주 수면을 희생시키며 살아간다. 푹 자고 상쾌한 아침을 맞아야 하지만, 그렇지 않다. 그래서 의식적으로라도 수면의 질을 챙겨야 한다. 수면은 운동뿐만 아니라 삶 전체의 지속 가능성과도 연결되기 때문이다.

나는 지금도 평균 8시간을 잔다. 밤 11시에 자서 아침 7시에 일어난다. 운동 후에는 폼롤러와 마사지건으로 근육을 풀고, 비타민과 미네랄, 단백질과 탄수화물이 풍부한 식사로 회복을 챙긴다.

충분한 숙면을 위해 내가 실천하는 방법은 '우선순위 정하기'이다. 모든 일을 다 하기보다 내게 가장 중요한 일을 선별하고 거기에 집중한다.

철인 3종처럼 격렬한 장거리 운동을 꾸준히 하다 보면 체력은 강해지지만, 반대로 빠르게 소모되는 부분도 있다. 그중 하나가 피부다. 장시간 야외에서 훈련하는 철인 3종은 강한 자외선과 활성산소의 노출이라는 부작용을 동반한다. 심폐지구력과 근육은 최상의 상태로 끌어올리지만, 피부 노화와 주름, 기미, 주근깨는 피하기 어렵다.

그렇기 때문에 운동 전 자외선 차단제는 필수다. 선글라스도 단순히 멋이 아닌, 눈과 눈 주변 피부를 보호하는 강력한 방패다. 겨울철에는 마스크나 복면 착용도 필수다. 방한뿐만 아니라 피부도 함께 보호한다.

나는 피부과 시술이나 고가의 관리를 따로 받지는 않지만, 샤워 후에는 보습에 꽤 신경을 쓴다. 피부가 건조해지지 않도록 고보습 크림을 충분히 바른다. 이 작은 습관이 장기적으로 주름과 노화 예방에 도움을 준다. 실제로 동안 소리를 자주 듣는다.

또한 운동 직후 충분한 수분, 비타민, 미네랄을 보충함으로써 몸이 탈진되지 않도록 관리한다. 요즘은 에너지젤 외에도 운동 후 회복용 젤이나 분말 제품들이 다양하게 출시되어 이런 보조제도 적절히 챙겨 먹고 있다.

운동은 몸을 혹사시키는 일이 아니다. 더 오래, 더 건강하게 살기 위한 활동이다. 몇 년 운동하고 말 게 아니라면 반드시 휴식도 관리해야 한다. 회복은 운동뿐만 아니라 삶 전반을 가꾸는 중요한 기반이기 때문이다.

4장

재미를 찾는 순간, 운동은 습관이 된다

: 걷기부터 러닝, 철인 3종까지

수준별 운동 가이드

나에게 맞는 운동을
찾는 세 가지 질문

운동은 해야겠는데, 무엇을 해야 할지 막막할 때가 있다. 헬스를 할까? 요가를 할까? 아니면 달리기를 할까? 결심은 쉽게 서지만, 막상 시작하려고 하면 선택지가 너무 많다. 이렇게 고민만 하다가, 결국 아무것도 시작하지 못한 채 한 달이 지나가버린다.

잘 알겠지만, 유행하는 운동이 아니라 나에게 맞는 운동을 찾는 일이 중요하다. 운동은 일회성이 아니라 루틴이고, 생활이고, 결국 습관이기 때문이다.

돌아보면, 나는 어린 시절부터 다양한 운동을 접하며 몸을 움직이는 즐거움, 그 너머에 있는 한계를 뛰어넘는 희열을 배워왔다. 초등학교 시절에는 스피드 스케이팅과 수영에 집중했고, 성인이 되고 나서는 크로스핏, 암벽등반, 스쿠버다이빙, 철인 3종까지 다양한 종목에 도전했다. 그 과정에서 단순히 체력을 기르는 수준을 넘어, 삶의 에너지를 느꼈다.

이제는 안다. 운동은 단순히 몸을 움직이는 게 아니라 삶 전체를 건강하게 설계한다는 사실을.

나에게 맞는 운동을 찾기 위해, 먼저 자신에게 세 가지 질문을 해보자.

첫째, 운동하는 목표는 무엇인가?

건강을 회복하기 위해서인지, 체중 감량이나 체형 관리를 위해서인지, 아니면 스트레스 해소나 정서적 안정 때문인지 생각하자. 목표에 따라 선택하는 운동의 종류가 달라진다. 예를 들어 심폐지구력을 키우고 싶다면 유산소 중심의 운동을, 체형 변화가 목표라면 근력 운동과 식단 조절을 해야 한다.

둘째, 운동에 얼마나 투자할 수 있는가?

하루에 몇 분, 일주일에 몇 번을 할 수 있는지 솔직하게 따지자. 바쁜 직장인이라면 출퇴근 전후의 20~30분 운동이 현실적이다. 아이를 돌보는 부모라면 집에서 짧게 할 수 있는 홈트레이닝이 더 적합하다. 시간을 내기 어렵다면 운동 자체를 '스케줄에 넣는 루틴'으로 정한다. 운동 강도보다 빈도가 중요하다. 주 1회 2시간 격하게 하는 운동보다, 주 4회 30분씩 꾸준히 할 수 있는 운동이 몸에 더 깊게 남는다. 좋은 운동은 따로 없다. 지금 내가 꾸준히 할 운동이 바로 최고의 운동이다.

셋째, 나는 어떤 성향의 사람인가?

혼자 있기를 좋아하는가, 함께하기를 더 좋아하는가? 도전과 경쟁이 좋은가, 몸과 마음의 안정을 추구하는가? 바쁜 일상에서 짧고 강한 운동이 필요한가, 여유롭고 긴 운동이 필요한가?

예를 들어 혼자만의 시간을 즐긴다면 조깅, 필라테스, 헬스 같은 개인 운동이 좋다. 반대로 사람들과 함께해야 동기부여가 되는 사람이라면 테니스, 암벽등반, 크로스핏처럼 함께 움직이는 운동을 해야 더 오래간다.

지루함을 잘 참지 못하는 사람이라면 다양한 기술을 배우는 수영이나 철인 3종 같은 복합 운동이 적합하다. 매일 다른 근육을 쓰는 종목은 반복하더라도 지루함이 덜하다. 반면, 루틴을 좋아하고 차분한 사람이라면 요가, 필라테스처럼 명상을 겸하는 운동이 더 잘 맞을 수 있다.

이 세 가지 질문에 스스로 답하고 나면, 더 이상 '운동을 고르는 일'이 막연하지 않다. 운동은 몸의 선택이 아니라 삶의 선택이다. 스트레스를 풀고 싶을 때, 불안하거나 무기력할 때, 삶의 리듬을 회복하고 싶을 때, 가장 좋은 처방이 바로 운동이다. 그러니 꼭 멋진 운동이 아니어도 괜찮다. 내가 즐길 수 있고, 내 몸이 기억하는 움직임이면 충분하다.

그럼에도 내가 '달리기'를 권하는 이유

나에게 맞는 운동을 찾으려 해도, 여러 운동 중에서 하나를 고르려면 또다시 망설이게 된다는 사람이 많다. 예를 들어 헬스를 하려면 헬스장에 등록해야 하고, 요가나 수영 등의 운동은 시간표에 맞춰 수업을 들어야 하고, 테니스 같이 장비를 갖춰야 하는 운동도 많다. 그러다 보니 운동을 고르기 전에 장벽이 생기고, 결국 '내일부터 하자'는 다짐만 반복된다.

그런 사람에게 나는 이렇게 권하고 싶다.

"일단 러닝부터 시작하세요."

러닝은 여러 운동 중에서도 가장 시작하기 쉽고, 호불호가 적으며, 누구에게나 열려 있는 운동이다. 운동화만 있으면 지금 당장 집 앞에서 할 수 있고, 장소나 시간, 비용, 장비에 대한 부담이 거의 없다. 달리는 자세가 중요하긴 하지만 특별한 기술도, 가르침도 필요 없다.

그래서인지 요즘은 '러너의 시대'라고 해도 과언이 아니다. 도심을 달리는 사람들의 모습은 이제 더 이상 낯설지 않다. 퇴근 후 어둠이 내린 공원 트랙 위, 아침 해가 막 떠오르는 강변길, 주말마다 열리는 마라톤 대회 현장까지. 러닝은 특정한 부류나 목적을 가진 사람들의 운동이 아니라, 누구나 즐기는 운동이 되어가고 있다.

SNS를 열면 러닝 앱 기록 캡처 화면이 수시로 올라오고, 러닝 전용 브랜드가 속속 생겨난다. 패션 브랜드는 러너를 위한 의류와 용품을 출시하고, 도심 곳곳에 러닝 크루들이 생겨나 함께 뛰는 문화를 만들어간다. '러닝은 혼자 하는 운동'이라는 공식은 이제 옛말이 되었다.

그렇다면 왜 이렇게 많은 사람이 달리기를 선택할까? 달리기의 매력은 단순하지만 강력하다.

첫째, 무엇보다 달리기는 누구나, 언제든, 지금 바로 시작할 수 있다

별도의 장비도, 회원권도, 누군가의 허락도 필요 없다. 운동화를 신고 문밖을 나서는 순간, 이미 러너가 된다. 진입 장벽이 이렇게 낮은 운동 종목은 흔치 않다. 그만큼 러닝은 '지금 여기에서' 바로 나를 움직이게 하는 운동이기도 하다.

둘째, 달리기는 몸뿐만 아니라 마음에도 강한 영향을 미친다

호흡과 발걸음을 일정하게 맞추다 보면 점점 머릿속이 맑아진다. 아무 생각도 하지 않고 달리는 '존(zone)의 상태'를 경험하면, 스트레스는 줄고, 마음은 가벼워진다. 실제로 많은 러너가 달리기를 '정신의 정리' 또는 '움직이는 명상'이라고 부른다.

셋째, 달리기는 꾸준함을 가장 잘 보여주는 운동이다

처음엔 5분도 버겁지만, 일주일, 한 달, 세 달이 지나면 어느새 30분을 쉬지 않고 달리는 자신을 발견하게 된다. 이 변화는 단지 기록의 향상에 머물지 않는다. '계속하면 바뀐다'라는 감각은 삶 전체로 확장된다. 그래서 달리기는 단순한 운동이 아니라, 자기효능감을 키우는 루틴이 된다.

넷째, 달리기는 성과를 보여주는 운동이다

몇 킬로미터를 뛰었는지, 어느 구간에서 속도가 빨라졌

는지, 얼마나 쉬지 않고 달렸는지 기록이 눈에 보이기 때문에 동기부여가 분명하고, 변화가 손에 잡힌다. 그러나 무엇보다 중요한 사실은 그 기록을 깨고 성장하는 나 자신을 발견한다는 점이다.

바쁘고 무기력한 일상에서, 단 30분 만이라도 나를 위해 뛰는 시간 그 시간만큼은 누군가의 엄마도, 아빠도, 직장인도 아닌 오롯한 나로 존재한다. 그래서 나는 더욱 러닝을 권한다.

러닝은 혼자 할 수 있다. 누군가와 시간을 맞출 필요도 없이, 내가 달리면 그것으로 족하다. 앞에서 말했듯 혼자 달리며 마음을 정리하고 생각을 다듬을 수도 있다. 자기 성찰과 회복을 경험한다.

만약 혼자 달리기가 부담스럽다면, 앞서 언급했듯 러닝 크루와 같이 뛰어도 좋다. 러닝 크루는 비슷한 생활권에 있는 사람들이 모여 정해진 시간과 장소에 함께 달리는 소모임이다. 요즘은 서울 주요 지역마다 크루가 활성화되어 있고, 다양한 연령대와 직업군의 사람들이 어울려 달린다.

서로를 응원하고 격려하며 달리다 보면, 단순히 운동을 넘어 좋은 사람들과 연결되는 건강한 커뮤니티로 발전

마흔, 달려야 산다

한다. 무언가를 함께 한다는 기쁨, 같은 속도로 숨을 쉬며 움직인다는 동질감은 예상보다 더 큰 힘이 된다.

러닝은 누구에게나 열려 있고, 당신의 인생을 한 걸음씩 앞으로 나아가게 한다. 운동화를 신고, 마음의 무게를 벗고, 지금, 한 걸음을 내딛자. 그 한 걸음이, 당신의 삶을 바꿀지도 모른다.

두 달 완성! 왕초보를 위한 '뛸 수 있는 몸' 만들기

※ 자문: 박명현 감독(현 RunCop 대표, 전 마라톤 국가대표)

러닝을 시작하고 싶은 마음은 굴뚝같아도, 막상 실행에 옮기기는 쉽지 않다. 뛰려면 뭔가를 제대로 준비해야 하고, 헬스웨어를 입지 않으면 안 되고, 한번 시작하면 매일 뛰어야 한다는 마음에 부담스럽다.

그래서 많은 사람이 '이번 주말부터', '날씨 좀 풀리면' 하며 미루다가 결국 시작조차 못 한다. 그런 사람들에게 이렇게 말하고 싶다.

"걷기부터 시작하세요."

운동을 잘하는 사람들도 처음에는 다 걷기부터 시작했다. 달리기를 잘하는 사람은 뛰는 훈련을 오래 한 사람이 아니라, 쉬는 법과 걷는 리듬을 잘 아는 사람이다.

특히 운동을 오랜만에 시작하거나 체력이 부족한 상

태에서 갑작스럽게 달리면, 부상당하기 쉽다. 무릎, 발목, 허리 같은 관절 부위가 갑자기 받는 충격을 견디지 못한다. 숨은 쉽게 가빠지고, 금세 '역시 난 안 돼'라는 자책으로 이어진다.

특히 마흔에는 근육량 감소와 관절 유연성 저하가 시작되는 시기라, 무리한 러닝은 몸에 무리가 간다. 그러므로 걷기부터 해보자. 규칙적인 걷기는 심폐 기능을 강화하고, 근육과 관절을 준비시키며, 부상 위험을 줄이는 데 효과적이다.

1주차: 걷기 루틴 만들기

퇴근 후, 걷는다. 속도보다는 꾸준히 하는 루틴이 중요하다. 스마트폰이나 스마트워치로 걸음 수나 시간을 기록하면 동기부여가 된다.

- 시간: 20~30분, 주 3~4회
- 방법: 숨이 약간 찰 정도의 빠른 걸음을 추천한다.
- 팁: 편한 운동화를 신고 동네 공원이나 평지에서 시작하자. 이 시기는 기초 체력을 회복하는 단계이므로 속도보다는 지속성에 집중하자.

2~4주차: 걷기와 러닝 혼합하기

걷기에 익숙해졌다면, 다음 단계는 걷기와 러닝을 섞는 인터벌 훈련이다. 이는 심박수를 조절하며 몸을 서서히 적응시키는 방법이다. 인터벌 러닝은 심폐지구력과 회복 능력을 동시에 키우는 효과적인 방식이다.

- 시간: 30분, 주 3~4회
- 방법:
  ① 5분 걷기로 워밍업
  ② 1분 천천히 뛰고, 2분 걷는다. 이를 5~6회 반복한다.
  ③ 마지막 5분은 느린 걷기로 쿨다운한다.
- 강도: 뛰는 동안 호흡이 약간 가쁘지만 말은 할 수 있는 정도로 유지한다.
- 팁: 무릎과 발목에 부담이 적은 러닝화를 신자. 공원이나 트랙 같은 평평한 코스를 추천한다. 이 루틴을 반복하되, 통증이 느껴지면 걷기로 전환한다.

5~8주차: 러닝 비중 늘리기

몸이 러닝에 조금씩 적응하기 시작한다. 이제 걷는 시간은 줄이고 뛰는 시간을 늘려보자. 목표는 20~30분 연속으로 뛸 수 있는 체력을 만드는 것이다.

- 시간: 30~40분, 주 3~4회

- 방법:

  ① 5분 걷기로 워밍업

  ② 3분 뛰고, 1분 걷기를 6~8회 반복한다.

  ③ 점차 뛰는 시간을 5분, 7분으로 늘리고, 걷는 시간을 1분 이하로 줄여본다.

  ④ 마지막 3분 걷기로 쿨다운

- 팁: 스트레칭을 추가하라. 러닝 전후로 종아리, 허벅지, 엉덩이 근육 및 고관절을 중심으로 5~10분 풀어주면 부상 예방에 도움이 된다.

러닝 초보자에게 가장 위험한 것은 의욕 과잉이다. 첫날부터 5킬로미터를 뛰려는 사람은, 둘째 날에 무릎에 얼음찜질을 하게 될 가능성이 높다.

걷기부터 시작해서 부상을 피하고, 리듬을 익히고, 꾸준히 이어가자. 꾸준함이 만들어낸 자신감은 다시 습관으로 이어지고, 그 습관은 결국 변화를 만든다.

처음부터 달리지 않아도 괜찮다. 천천히 걷되, 멈추지 않으면 된다. 그렇게 한 걸음씩, 걷고 또 걷다 보면, 언젠가는 그 길을 달리는 자신을 만날 것이다.

빠를 필요 없다:
초급자를 위한 슬로 조깅

※ 자문: 박명현 감독(현 RunCop 대표, 전 마라톤 국가대표)

처음부터 무리하게 달릴 필요는 없다. 나도 그날그날의 감정과 몸 상태에 따라 달린다. 어떤 날은 무거운 몸으로 천천히, 어떤 날은 리듬을 타며 속도를 올린다. 속도가 아니라 지속성이 중요하다.

걷기를 꾸준히 한 러닝 초급자라면 이제부터 가벼운 달리기를 해보자. '슬로 조깅'은 말 그대로 느린 속도로 달리는 운동법으로, 일본 후쿠오카대 다나카 히로아키 교수가 2009년에 고안했다.[8] 우리나라에서도 KBS 〈생로병사의 비밀〉(2024년 10월 30일 방영)에 소개되기도 했다.[9]

히로아키 교수가 쓴 《슬로 조깅 혁명》을 보면, 슬로 조깅 속도는 대화를 나누면서 뛸 수 있는 정도라고 한다. 슬로 조깅을 꾸준히 하면 조금씩 속도가 빨라져서 달리기를 즐길 수 있게 된다. 이 책에는 60세에 처음 슬로 조깅을 시작해 4개월 만에 마라톤 풀코스를 완주하고, 3년 뒤에는 '서브 3Sub-Three'에 육박하는 기록까지 세운 남성의 사례도 소개되어 있다. 서브 3는 풀코스 마라톤을 3시간 이내에 완주하는 것을 말한다.

게다가 슬로 조깅은 일반 조깅과 비슷한 칼로리 소모와 심혈관 건강에 도움이 된다고 한다. 느리게 달릴수록 지방이 주 에너지원으로 작용해 체지방 연소에도 효과적이다. 특히 초보자나 고령자라면 빠르게 뛰기보다 슬로 조깅이 안전하다.

기본자세에 신경 써 꾸준히 연습하다 보면 러닝 실력 역시 점차 향상된다. 이때 운동화는 발에 맞는 사이즈를 선택해야 하며, 무너짐을 잡아주는 안정화를 신어야 한다. 발의 아치를 지지하는 신발이 가장 이상적이다.

1) 올바른 상체 자세와 다리 동작

- 몸의 기울기는 85~90도를 유지한다.
- 어깨는 경직되지 않도록 주의하며, 팔은 골반 기준으로 앞뒤로 간결하게 흔들어준다.
- 무릎 각도는 얼굴보다 앞쪽에 있어야 하며, 발이 착지할 때는 뒤꿈치부터 땅에 닿도록 한다.

2) 워밍업은 필수

달리기 전에 동적 스트레칭으로 몸을 충분히 풀어주자. 워밍업은 부상을 줄이고 러닝 동작을 더 부드럽게 만든다. 동적 스트레칭은 반동이나 리듬 있는 동작을 말한다. 다음과 같은 스트레칭으로 몸을 따뜻하게 하자.

- 레그 스윙(다리 앞뒤로 차기)
- 무릎 높이 들고 걷기
- 런지 워크
- 팔 돌리기

3) 점진적으로 훈련 강도 올리기

- 처음에는 10~15분 정도 짧은 거리를 천천히 달린다.
- 시간과 운동 강도를 서서히 올린다. 평균 심박수는 150 정도로 유지한다.

4) 운동 후에는 쿨다운

운동 후에는 정적 스트레칭과 쿨다운을 꼭 해야 부상을 예방할 수 있다. 정적 스트레칭은 동적 스트레칭과 달리 10~30초 정도 한 자세를 유지하는 것이다. 예를 들면 다음과 같다.

- 햄스트링 스트레칭(다리를 뻗고 상체 숙이기)

마흔, 달려야 산다

- 종아리 스트레칭(벽 밀기 자세)
- 허벅지 앞쪽 스트레칭

5) 기초 운동과 회복

- 기초 근력운동도 신경 써 병행하기를 추천한다.
- 체력이 부족하거나 과도한 운동을 하면 부상이나 피로가 쌓일 수 있으므로 충분한 휴식을 취하자.

6) 목표 설정

초급 단계에서는 현실적이고 달성 가능한 목표 설정이 좋다. 예를 들어 '이번 주에는 3일 동안 20분씩 달린다' 처럼 구체적인 목표를 세우고 이를 달성할 수 있도록 노력하자.

러닝은 누가 더 빠르냐가 아니라, 누가 더 오래 이어가느냐의 싸움이다. 슬로 조깅은 초급자에게 가장 안전하고 효율적인 출발점이다. 한 걸음, 한 호흡, 한 날의 반복이 결국 더 강한 나를 만든다. 천천히 달려도 괜찮다. 중요한 것은, 멈추지 않는 것이다.

욕심이 난다면: 중급자를 위한 러닝 가이드

※ 자문: 박명현 감독(현 RunCop 대표, 전 마라톤 국가대표)

러닝 중급자는 보통 5~10킬로미터를 안전하게 달릴 수 있는 러너를 의미한다. 기본적인 달리기 자세를 알고 페이스를 조절하면서 달린다. 특별히 중급자 러너는 훈련의 질과 다양성을 늘려야 한다. 그리고 일관성 있는 훈련과 적절한 회복이 중요하다.

1) 목표 설정

점진적으로 거리를 늘려가며 효율적으로 달리는 것을 목표로 삼아야 한다. 목표 설정이 가장 중요하다. 5킬로미터, 10킬로미터, 하프 마라톤 등 구체적인 목표를 정하고 훈련 목적을 명확히 한다.

2) 훈련 강도

훈련 중에 자신이 유지할 가장 효율적인 속도를 파악하고, 이를 적용하면 좋다. 훈련 빈도는 주 4~5회로 권장한다. 근육을 효율적으로 단련하고, 체력을 유지해야 하기 때문이다.

3) 중급자에게 꼭 필요한 트레이닝

다양한 훈련으로 지구력, 속도, 근력을 균형 있게 키운다.

① 장거리 러닝Long Run: 지구력 향상에 도움을 준다. 주 1회, 12~20킬로미터를 달리면 된다. 일정한 속도로 달리는 능력을 키우는 게 중요하다.

② 템포 러닝Tempo Run: 유산소 능력을 향상시킬 수 있다. 목표로 세운 속도를 유지하며 일정 시간 동안 달린다. 예를 들어 10킬로미터 49분 완주가 목표라면, 1킬로미터당 4분 9초의 속도로 유지하면서 달린다. 20~40분 동안 달리는 걸 목표로 한다.

③ 인터벌 훈련Interval Training: 짧은 거리를 빠르게 달리고, 그 후 짧게 회복하는 훈련이다. 예를 들어 400미터를 빠르게 달리고 200미터를 걷는다. 이 훈련을 통해 속도를 높이고, 최대산소섭취량VO2max을 증가시킬 수 있다.

④ 힐 트레이닝Hill Training: 언덕에서 달리는 훈련으로, 다리 근력을 키우고, 속도 및 지구력 향상에 도움이 된다. 2~3주에 1회 진행한다. 언덕을 30~60초로 전력 질주한 후 천천히 내려오며 회복한다. 이를 6~10회 반복한다.

⑤ 회복 런Recovery Run: 자신에게 쉬운 속도로 30~40분 정도 달려서 몸의 회복을 돕는다. 훈련 강도가 높은 다음 날 하면 좋다.

4) 중급자 추천 훈련 일정

주 4일 러닝을 목표로 한다.

- 월요일: 회복 러닝(30~40분, 편안한 속도로)
- 화요일: 인터벌 훈련(400미터 달리기 + 200미터 회복, 8번 반복)
- 수요일: 휴식
- 목요일: 템포 러닝(20~30분, 목표 페이스로)
- 금요일: 휴식
- 토요일: 장거리 러닝(12~20킬로미터, 안정적인 페이스로)
- 일요일: 개인 훈련 및 자율 러닝

5) 리커버리와 영양

- 중급 러너는 훈련 후 리커버리와 영양도 매우 중요하

다. 훈련하고 근육을 풀어주는 스트레칭이나 폼롤러를 활용한 마사지는 근육 회복에 도움이 된다. 훈련 후에는 탄수화물과 단백질을 포함한 식사로 빠른 회복을 돕고, 체력을 유지하자.

- 훈련 후에는 부상 예방을 위해 충분한 스트레칭과 휴식을 취하자. 훈련 후에는 회복 시간을 최소 12시간 이상을 잡아야 한다.

중급 러너의 목표는 기록 단축이나 하프 마라톤 도전이지만, 핵심은 균형이다. 훈련의 질과 다양성을 유지하고, 회복과 영양을 챙기며, 일관된 루틴을 설계하자.

기록 향상을 향하여:
상급자를 위한 마라톤 훈련 전략

※ 자문: 권은주 감독(현 Run with JUDY 감독, 전 마라톤 국가대표, 전 한국신기록 보유자)

앞서 풀코스 마라톤을 3시간 이내에 완주하는 '서브 3'에 대해 언급했다. 상급 러너는 바로 이 서브 3 훈련을 필요로 하는 러너들이다. 풀코스 마라톤을 준비할 때는 거리에 대한 부담감을 줄이고 완주할 체력을 만드는 일이 가장 중요하다.

1) 효율적인 마일리지 관리

마라톤 대회에서 기록 단축을 원하거나 완주가 목적인 러너라면, 한 달 동안 달린 거리, 즉 마일리지 쌓기가 가장 중요하다. 다만 달리기 자체가 목적이라면 과도한 마일리지 쌓기는 추천하지 않는다.

마혼, 달려야 산다

2) 삼시세끼 조깅

상급 러너의 루틴은 단조로울 수 없다. 그래서 다양한 유형의 훈련을 리듬 있게 배치해야 한다. 훈련에 강약이 있어야 근지구력 강화, 리듬감이 향상되고 강한 트레이닝을 위한 밑거름이 마련된다. 아래의 세 가지 러닝 훈련을 적당하게 분배해서 일주일 계획을 짜자.

① 빌드업 러닝Build-Up Run: 천천히 시작해 점점 속도를 높여가는 러닝. 지구력을 키우고, 마라톤 후반 페이스 저하를 방지하는 데 효과적이다.

② 리듬 러닝Rhythm Run: 30~40분 동안 평소보다 약간 빠르되 편안한 템포의 페이스로 안정적 리듬을 유지하는 러닝. 심박수 안정화와 효율적 에너지 사용을 돕는다.

③ 페이스 러닝Pace Run: 대회에서 유지할 목표 페이스보다 약간 빠르게 20~30분 연속으로 달리는 훈련. 실전 속도 감각을 익히고, 정신적 강인함을 키울 수 있다.

3) 상급자 추천 훈련 일정

주 5~6회 러닝, 총 70~90킬로미터를 목표로 한다.

- 월: 리듬 러닝(8~10킬로미터, 안정적 페이스로, 회복 중심)
- 화: 페이스 러닝(10킬로미터, 킬로미터당 목표 페이스 4분 15초

로, 고강도)

- 수: 빌드업 러닝(12킬로미터, 페이스 점진적 증가, 중강도)
- 목: 휴식 또는 가벼운 크로스 트레이닝(사이클 30분)
- 금: 리듬 러닝(8킬로미터, 약간 빠른 템포로 페이스 리듬 유지, 저강도)
- 토: 빌드업 러닝(20킬로미터 장거리, 페이스 변동으로 강약 조절)
- 일: 휴식 또는 회복 러닝(6킬로미터, 가볍게)

상급 러너의 서브 3는 무작정 달리기가 아니라, 효율적 마일리지와 균형 잡힌 루틴에서 나온다. 마흔에 러닝을 시작했더라도 충분히 훈련하면 마라톤 풀코스 완주는 물론 기록 단축 또한 가능하다.

매일의 작은 반복의 힘은 위대하다. 이제 목표에 맞는 자신만의 플랜을 세우고, 트랙으로 나가 열심히 달리자.

철인 3종 대회에
도전하고 싶다면

철인 3종이 그렇게 매력적이냐는 질문을 종종 받는다. 내 대답은 늘 같다.

"직접 해보기 전에는 절대 알 수 없습니다."

한두 번 해봤다고 다 느껴지지도 않는다. 꾸준히 부딪치다 보면, 이 운동이 단순한 체력 훈련이 아니라 '인생 자체'와 닮았음을 깨닫게 된다. 철인 3종을 꾸준히 해온 사람들은 이렇게 말한다.

"이만한 운동은 없다. 대체할 운동도 없다."

과장이 아니다. 단순히 운동량이나 체력 소모가 크기 때문이 아니다. 철인 3종은 삶의 루틴을 바꾸고, 생각의 패턴마저 바꾼다.

나는 단언할 수 있다. 내 인생에서 가장 잘한 선택 중

하나는 철인 3종을 한 일이다. 8년째 이 운동을 이어오고 있다.

철인 3종은 결코 '특별한 사람들'의 운동이 아니다. 오히려 평범한 사람들이 자신을 믿고 도전하는 가장 인간적인 운동이다.

철인 3종에 도전하고 싶다면 다음과 같이 시작해보자.

첫째, 먼저 작은 대회를 목표로 잡자

처음부터 '아이언맨' 같은 풀코스를 목표로 삼을 필요는 없다. 스프린트(수영 750미터, 사이클 20킬로미터, 달리기 5킬로미터) 대회를 목표로 하자. 이 정도 거리는 주 2~3회의 훈련으로도 충분히 완주가 가능하고, 부담을 줄이면서 훈련을 루틴으로 만드는 데도 도움이 된다.

둘째, 필요한 장비를 갖추자

철인 3종은 종목이 세 가지인 만큼, 기초 장비도 세 종류가 필요하다. 처음에는 고가의 장비보다 내 몸에 맞고 익숙한 장비를 갖추는 쪽이 더 중요하다.

- 수영: 수영복, 수경, 실리콘 수모, 웻수트(오픈 워터로 진행되어 필수)
- 사이클: 로드바이크(중고도 충분), 헬멧, 클릿슈즈

• 마라톤: 충격 흡수 잘되는 러닝화, 양말, 기본 러닝웨어

셋째, 세 종목을 나눠서 훈련하자

아래의 훈련 루틴을 3개월만 유지해도 '할 수 있다'는 자신감이 생긴다.

• 월요일: 수영 30분

• 수요일: 사이클 1시간

• 금요일: 러닝 40분

• 주말: 2종목을 연결한 브릭 훈련Brick Training

이런 식으로 자신에게 맞는 강도와 조합과 리듬을 찾아 스스로 조정하며 몸을 단련하면 된다.

철인 3종,
수준별 완벽 가이드

※ 자문: 김정호 감독(현 파라-트라이애슬론 국가대표 감독, 전 트라이애슬론 국가대표),
김지연 선수(현 트라이애슬론 국가대표)

물속을 헤엄치고, 바람을 가르며 사이클을 타고, 다시 두 발로 끝까지 달리는 과정 속에서 자신의 성장을 체감할 수 있다. 처음에는 막막해도 단계별로 준비하면 누구나 도전할 수 있다. 초급부터 상급까지 철인 3종을 즐기고 완주하기 위한 실전 가이드를 소개한다.

초급·입문:
기본부터 안전하게 시작하기

수영, 사이클, 마라톤 세 종목을 연속으로 진행하지만, 각 종목의 기본만 익히면 충분하다. '철인'이라는 이름에 위축되지 말자. 아름다운 풍경 속에서 즐기는 매력적인

마혼, 달려야 산다

운동이지만, 외부 환경(물, 도로, 날씨)에 따라 변수가 어마어마하게 많기에 항상 안전에 유의해야 한다.

1) 각 종목에 대한 이해

- 수영, 즉 오픈 워터는 생명과 직결되기에 꼭 전문 지도자에게 교육을 받고 연습해서 경험을 쌓기를 권장한다. 물을 무서워한다면 더욱 위험할 수 있다. 생존을 위해 순간적으로 주변 사물과 사람과 본인도 모르게 몸싸움을 하게 된다. 이러한 경험도 사전에 익히면 큰 도움이 된다.
- 사이클 또한 속도가 굉장히 빠르기에 기본적인 사이클 기술을 습득한 뒤 방어 운전하는 습관을 들이기를 바란다.

2) 실천 팁

주 3회, 종목별 30~45분부터 시작하기를 권장한다. 입문자일수록 동호회에 가입해서 노하우를 공유받으면 좋다.

철인 3종은 정직한 종목이다. 성실하게, 꾸준히 한다면 우상향은 확보할 수 있다. 하지만 기록에 집착하면 사고가 발생할 수 있으니, 안전에 유의해야 한다.

1) 초심 유지하기

철인 3종 대회를 완주하다 보면 새로운 도전이 생긴다. 바로 기록이다. 이때 가장 많은 사고가 난다. 기록 단축을 위한 과감한 행위와 '나는 이제 잘하니까'라는 자만이 불러온 방심이 사고로 직결된다. 그러므로 항상 안전이라는 긴장의 끈을 놓지 않고 차분하게 경기에 임해야 한다.

2) 기록 단축 팁

- 바꿈터: 제일 쉽게 기록을 단축시킬 수 있는 방법이다. '제4의 종목'이라고도 불리는 바꿈터에서 시간을 아껴야 한다. 바꿈터는 경기 중 두 번(수영에서 사이클/T1, 사이클에서 달리기/T2) 진행된다. 바꿈터는 쉼터가 아니다. 바꿈터에서 전환하는 시간도 경기 기록에 포함이 되기에 꼭 필요한 행동만 간결하게 취해야 한다.

바꿈터에서 웻슈트 벗기, 클릿슈즈와 운동화 빠르게 신기, 부가적인 움직임 최소화하기(수건으로 몸 닦기, 선크림 및 화장, 식사 등), 바꿈터 룰을 숙지해 패널티 받지 않기 등 시간을 단축시킬 요소는 정말 많다.

- 기본기: 종목별 기량 향상의 팁은 기본기에 충실하는 것이다. 표준 거리 기준 2시간대 진입은 각 종목별 기초 기술과 기본자세가 잘 잡히면 생각보다 쉽게 달성된다. 따라서 개인 훈련과 함께 피드백을 받을 수 있는 교육을 병행하도록 하자.

3) 실천 팁

주 4~5회 훈련, 피드백 코칭을 활용한다. 자기반성과 정보 수집으로 성장을 가속화한다.

상급:
세부 기술과 전략을 갈고닦기

상급자는 치열한 경쟁에서 우위를 점하기 위해 세부 기술과 전략을 연마한다. 수영, 바꿈터, 사이클, 달리기 각 영역에서 에너지 효율과 빠른 판단이 핵심이다.

1) 수영

① 전방 주시로 전체적인 흐름을 파악하기: 빠른 판단과 방향 전환을 통해 치열하고 불필요한 몸싸움을 피해야 정체된 구간에서 금방 빠져나올 수 있다. 몸싸움이 필요하다면 과감하게 부딪치자. 몸싸움의 잔기술을 연마하자.

② 레이스 중 페이스가 맞는 앞, 옆 선수의 물살을 최대한 활용하여 체력을 안배하자. 이를 잘 활용하면 30퍼센트 정도의 에너지 소비 절감이 가능하다.

③ 물의 흐름과 유속, 파도의 방향을 경기 전 워밍업 시 반드시 파악한다. 물을 거스르기보다는 흐름을 타거나 파도를 이용하면 더욱 수월하다. 부표만 보고 진행 방향을 잡기보다는 멀리 넓게 보고 방향을 잡자.

④ 부표와 부표 사이의 거리를 체크하여 페이스를 조절하자.

⑤ 레이스와 비슷한 상황을 만들어 훈련하자. 그룹 수영, 드래프팅, 몸싸움, 방향 전환 등을 통해 수영 기술을 연마한다.

2) 바꿈터 T1(트렌지션 1): 수영에서 사이클로

① 신속 정확하게 수영 출구에서부터 바꿈터까지의 거

리를 미리 체크한다. 클릿슈즈를 빨리 신기 위해 신발을 미리 자전거에 고정해두고 탄성 있는 고무줄로 위치를 잡아둔다. 엘리트 선수들의 경우 맨발로 진행하기에 빠른 건조를 위해 신발 안에 베이비파우더를 뿌려두기도 한다.

② 승차 후 바로 속도를 낼 수 있는 가벼운 기어로 미리 맞춰둔다. 훈련 시 자신에게 맞는 기어를 찾아두고 마운트라인 이후 코스(오르막, 평지, 내리막)에 따라 조정하자.

③ 승차 직후 클릿슈즈를 급하게 신으려 하기보다 발이 클릿슈즈 안으로 들어가지 않았어도, 클릿슈즈 위에 발을 얹은 상태로 속도를 어느 정도 낸 뒤에(그룹 형성 후 또는 내리막 구간 등) 신어도 늦지 않다. 실제로 클릿슈즈를 신다가 그룹에 합류하지 못하거나 떨어지는 경우가 많다. 신는 동안 시선을 계속 아래에만 두지 않도록 주의하자.

3) 사이클

① 코스 지형과 난이도에 따라 휠과 스프라켓 교체를 선택하자.

② 날씨와 노면에 따라 타이어와 공기압을 다르게 선택

한다. 에너지 손실 방지, 근피로도에 영향을 주고, 사고 예방에 도움이 된다. 기온이 매우 높거나 우천 시 공기압을 평소보다 더 낮출 필요가 있다.

③ 아웃, 인 코스를 활용하여 최단 거리, 최소 시간으로 움직이면 기록을 단축할 수 있다.

④ 드래프팅을 하면서도 구간별로 유리한 자리를 영리하게 선점하자.

⑤ 반환점, 유턴, 위험 구간에서는 최대한 선두에서 주행하여 피로도를 감소시키자.

⑥ 본인에 맞는 경기 중 뉴트리션을 반드시 체크하고 활용하자.

4) 바꿈터 T2(트렌지션 2): 사이클에서 달리기로

① 그룹 내 많은 선수가 포진되어 있더라도 최대한 선두에서 하차한다. 다른 선수들과 같은 기록을 뛰었다는 가정하에 단 몇 초 차이로 기록과 순위가 바뀌므로 영향이 크다.

② 뛰어나가는 순간, 첫 페이스 설정이 매우 중요하다.

5) 마라톤

① 코스 지형과 같이 달리는 선수의 장단점을 파악해 이

를 끝까지 이용한다.

② 마지막 스퍼트 구간에서 보통 앞에 달리고 있던 선수가 고개를 돌려 뒤를 확인하는데, 이때 그 반대쪽으로 추월하면 더 쉽게 지나칠 수 있다. 반대로 내가 추월을 당하는 경우라면 뒤에서 달려오는 선수의 발소리나 숨소리로 확인 가능하기에 진로를 방해하지 않는 선에서 길을 막는 일이 가능하기도 하다. 사실 마지막 추월 경쟁은 개인의 능력과 그날의 컨디션에 달려 있다.

③ 드래프팅이 가능하기에 최대한 활용한다. 달릴 때는 블로킹이나 시각 드래프팅을 해도 패널티가 주어지지 않는다.

철인 3종을 위한 수영: 초급부터 상급까지

철인 3종 대회의 첫 종목인 수영은 오픈 워터라는 독특한 환경에서 펼쳐진다. 초보자는 물에 대한 두려움을 극복하는 데서 시작하고, 중급자는 효율적인 자세를 익히며, 상급자는 타이밍과 전략을 연마한다.

그동안 운동하면서 만난 철인 3종 선수들에게 자문을 구해, 초급부터 상급까지 수영 기술과 실전 팁을 체계적으로 정리했다.

수영은 철인 3종의 첫 관문이다. 초보자는 물을 향한 두려움을 줄이고, 기본 기술을 익히는 데 집중해야 한다.

1) 물에 적응하기

- 물에 적응하기 위해 가장 좋은 방법은 환경 적응이다. 수영장에 자주 가서 물속에서 긴장을 풀고 편안한 상태가 될 때까지 반복적으로 경험을 쌓아야 한다.
- 물 공포증 극복하기: 물에 공포심이 극도로 심한 사람들은 세수하듯이 얼굴을 담그는 연습부터 시작해 입, 코, 머리까지 점차 범위를 넓혀가며 적응하면 좋다. 공포심이 완화되면 호흡법, 뜨기, 발차기, 팔 돌리기 순서로 배우면 안전하다. 혼자 연습이 어렵다면 보조 도구인 킥판이나 헬퍼를 사용해도 좋다.

2) 호흡법 익히기

- 호흡 방법: 호흡은 물속에서 코로 강하게 '음'이라고 내뱉고, 수면으로 올라와 입으로 짧게 '파' 하고 뱉은 뒤 바로 코와 입으로 강하게 들이 마신다.

• 호흡 트이기: 호흡이 트이려면 짧게 수영하지 않고 한 번 수영할 때 거리를 점진적으로 늘려나가는 쪽이 좋다. 오랜 기간 호흡이 트이지 않고 숨이 너무 차다면 호흡을 길게 빼고 있는지 확인하면 좋다. 호흡은 숨을 참다가 쉬기 직전에 뱉어야 한다.

3) 자유형 배우기

초보자는 물속에서든 물 밖에서든 팔을 곧게 편 상태로 물을 익히는 연습이 중요하다. 호흡은 몸을 비틀지 않고 옆으로 자연스럽게 숨을 들이쉬는 방식을 익혀야 한다. 물을 많이 먹는다면 발차기를 아래로 안정적으로 눌러 차는 연습과 사이드킥 훈련을 반복하면 도움이 된다.

4) 배영 배우기

누운 자세로 수영하기 때문에 하체가 가라앉으면 몸이 전체적으로 가라앉을 수 있다. 유선형 자세를 잘 유지해 발차기를 위로 가볍게 올려 차는 연습을 많이 해야 한다. 또 팔 돌리기를 할 때 풍차가 돌아가듯 멈추지 않고 일정한 박자로 이어지는 동작을 반복해 감각을 익히면 도움이 된다.

중급자는 물을 다룰 줄 알고, 손가락 마디마디에 집중할 줄 안다. 항시 기본이 되는 코어, 중립, 수면에서의 저항을 줄이는 느낌을 익히는 시기로, 이때는 수영에서 가장 중요하게 여기는 유선형 자세를 잘 잡아야 한다. 다음의 사항을 유의하면 도움이 된다.

1) 턱 당기기

발쪽을 보면서 당긴다 생각하면 안 되고, 거북목 자세를 교정하듯 경추와 척추를 일렬로 정렬시킨다는 느낌으로 당긴다. 힘을 너무 주어 당기면 온몸에 힘이 많이 들어가니 자연스레 정렬시키는 연습을 한다(어깨 말림 현상 방지).

2) 시선 처리

턱을 당기는 자세를 유지하며 시선은 나아가는 방향, 즉 위로 치켜뜬다(코어 말림, 풀림 현상 방지).

3) 실전 적용하기

팔부터 돌리지 않고 잡고 있던 코어 정렬을 유지하며 발

차기를 한다. 호흡이 가빠 연습이 어려운 경우에는 스노
클을 끼도록 한다.

4) 롤링 익히기

롤링은 자유형이나 배영의 피니시와 리커버리 단계에서
이루어지는 몸통 사용법이다. 롤링은 기본 중에 기본이지
만, 억지로 몸을 틀려고 하다가 중심을 잃을 수 있다. 겨드
랑이와 옆구리를 길게 늘려 물 잡기 공간을 확보한 다음
정수리 방향으로 나아가며 자연스러운 롤링을 유도하자.

상급:
박자 활용하기
※ 자문: 정소은 선수(전 수영 국가대표)

상급자는 타이밍과 대회 전략으로 기록을 단축한다.
접영과 자유형에서 박자와 코어 활용이 핵심이다.

1) 접영

팔다리 타이밍이 생명이기에 다리로 차는 '킥'과 팔로
물을 끌어당기는 '풀' 타이밍을 맞추는 데 집중한다. 예
를 들어 '김밥'을 구호로 삼고, 입수 킥에 '김', 출수 킥에

'밥'을 마음속으로 외친다. 이렇게 입수 킥, 출수 킥 타이밍에 좋아하는 무언가를 마음속으로 외치면서 타이밍을 맞춘다.

2) 자유형

타이밍보다는 팔다리의 박자가 잘 맞아야 앞으로 잘 나아갈 수 있다. 그러므로 팔을 한 번 돌릴 때마다 다리(킥)를 빠른 박자로 '하나 둘 셋' 생각하며 맞춘다. 오른팔을 캐치하는 동시에 반대발 킥을 '하나 둘 셋', 왼팔을 캐치하는 동시에 반대 발 킥을 '하나 둘 셋' 이렇게 하면 자연스럽게 몸통도 롤링되면서 팔, 다리 박자를 맞추며 앞으로 쭉쭉 나간다.

3) 대회 꿀팁

10분 전에 복근 운동을 3가지 종류로 10개씩 3세트 정도 해주면 코어가 잘 잡힌다. 코어를 잘 잡아주면 스타트, 돌핀, 유선형까지 자세가 잘 잡혀 기록 향상에 도움이 된다.

혼자 할까, 함께할까: 철인 3종 동호회에 관하여

2018년에 나간 '은총이와 함께하는 철인3종대회'가 내 첫 대회였다. 그땐 소속된 팀도, 아는 사람도 없었다.

새벽 5시, 한강 바꿈터에 사이클을 거치했다. 그때는 바구니에 뭘 넣어야 하는지조차 몰랐다. 당시는 지금처럼 정보가 많지도 않았고, 다른 참가자들이 어떻게 하는지 힐끗힐끗 보며 따라 했다. 하지만 혼란스러웠다. 다들 정해진 방식보단 개인의 선호도에 따라 러닝화, 클릿슈즈, 헬맷과 양말 등을 놓는 위치가 달랐다. 어떤 이들은 수건도 바구니에 넣었지만 난 수건이 없었고 왜 필요한지도 잘 몰랐다.

준비를 어느 정도 마치고 수영을 하려고 긴장감에 웻슈트를 일찌감치 입고 대회 시작을 기다렸다. 새벽 6시쯤 되었을까. 대회를 시작하려면 1시간 정도가 남았다. 10월 초의 새벽 한강 공기는 매우 찼다. 웻수트를 입어 몸이 춥지는 않았지만, 맨발로 서 있으니 발이 어는 듯했다. 웻수트가 온몸을 조여서 근육들이 서서히 굳는 느낌이었다.

소속된 동호인 팀이 있는 선수들은 팀 동료들과 함께 지정된 텐트 속에서 몸을 녹이며, 노하우를 전수받고, 준비 운동을 하는 모습들이 눈에 띄었다. 나는 아는 사람이라고는 단 한 명도 없었던 터라 혼자 얼지 않기 위해 발을 동동 구르며 외로운 시간을 보냈다. 마치 성냥팔이 소녀가 된 기분이었다.

철인 3종을 제대로 시작하고 싶다면, 동호회 가입을 적극 추천한다. 사실 철인 3종 동호회는 단순한 모임이 아니라, 함께 성장하는 가족 같은 존재다.

철인 3종은 수영, 사이클, 마라톤을 연속으로 소화하는 고강도 운동이다. 혼자 훈련 계획을 세우고 동기를 유지하기가 여간 쉽지 않다. 특히 초보자는 어떻게 시작하고, 훈련량을 늘려야 할지 막막하다. 그래서 많은 이가 동호회에 가입한다.

동호회는 대한철인3종협회 홈페이지에서 전국적으로 찾을 수 있다. 각 동호회는 저마다의 분위기와 성향이 다르기 때문에 자신에게 맞는 클럽을 찾거나, 동경하는 선수가 속한 팀에 가입하면 동기부여에도 큰 도움이 된다.

특히 명문 철인 3종 팀에는 전현직 국가대표 선수 출신 코치가 많다. 러닝 클럽이나 수영 클럽과도 연계되어서 훈련의 질을 높이고, 기량을 향상시키는 데 큰 도움을 받을 수 있다.

동호회에 가입하면 대부분 카페나 단톡방에서 단체 훈련을 공유한다. 단체 훈련이 없을 때는 팀원들이 훈련 인증샷을 공유하며 서로에게 자극을 준다. 덥거나 추운 날씨에도, 새벽이나 밤 시간에도 꾸준히 운동하는 동료들의 모습을 보면, 자연스럽게 스스로를 채찍질하게 된다.

특히 철인 3종은 시간뿐만 아니라 비용도 많이 드는 운동이다. 수영에서는 웻수트와 수경, 사이클에서는 헬멧과 클릿슈즈, 마라톤에서는 러닝화와 모자, 선글라스까지 챙겨야 할 물품이 많다. 여기에 보급품(에너지 젤 등)까지 매년 구비해야 하는데, 이때 동호회 선배들의 조언과 공동구매, 중고 거래, 나눔을 활용하면 불필요한 지출을 줄일 수 있다. 단순한 친목을 넘어, 실질적인 도움과 정보 공유 그리고 유대감이 쌓인다.

1년 내내 꾸준한 훈련이 이루어지기 때문에 동호회 단톡방은 하루도 조용할 날이 없다. 게다가 철인 3종 대회는 대개 하루 전날 선수 등록을 해야 하므로 1박 2일 일정이 필수다. 대회 장소는 경기권부터 충청도, 경상도, 강원도, 제주도까지 전국 곳곳에 퍼져 있다.

이렇게 동료들과 함께 전국을 누비며 훈련과 대회를 치르다 보면, 단순한 운동 이상의 특별한 경험을 쌓는다. 경기 전의 긴장감, 경기 후의 성취감과 무용담까지 나누며, 더 단단한 팀이 되어간다. 혼자보다 함께할 때 더 멀리, 더 꾸준히 나아갈 수 있다.

그렇게 철인 동호회는 또 다른 가족이 되어간다. 철인 3종 경기는 외롭고 힘든 자기와의 싸움 같지만, 함께하는 동료들 덕분에 외롭지 않고 더욱 뜻깊다.

나 혼자만의 도전이 어렵다면, 그 여정을 함께할 팀을 만들자. 더 즐겁게 더 오래 운동을 지속할 수 있는 원동력이 된다. 곁에 동료가 있다는 사실 하나만으로 힘이 난다.

대회 참가를
권하는 진짜 이유

철인 3종에 도전한다면 대회에 참가하기를 권한다. 대회 나갈 실력이 아니라고 참가를 망설이는 사람이 많다. '기록을 내야 하니까', '자신 없어서', '아직은 이르니까' 하며 주저한다. 그러나 나는 이렇게 말한다.

"지금 나가라. 잘하지 않아도 된다. 오히려 잘하지 않기에 더 많이 배운다."

잘한다고 대회를 나가는 게 아니다. 오히려 실력이 좋지 않을수록 대회에 나가야 한다. 대회에서 배울 게 상상 이상으로 많기 때문이다. 학교에서 책으로만 공부하다가 사회에 나오면, 책에서 배울 수 없는 무언가를 경험하는 것과 마찬가지다. 연습 때는 잘되었던 영법, 페달링, 러닝 페이스가 막상 대회에 나가면 달라진다.

그래서 대회 참가는 단순히 실력을 증명하는 자리가 아니다. 생활체육인에게 대회는 그 자체로 성장과 각성의 무대다. 잘해서가 아니라, 부족하기 때문에 나간다. 부족한 상태에서 부딪쳐야만 내 현재 위치와 진짜 과제가 선명해진다.

배움은 실전에서 시작된다. 나도 그랬다. 2022년 도민체전에서 나는 처음으로 현역 선수들과 같은 위치에 섰다. 그들과 나란히 몸을 푼다는 사실 자체가 벅찼지만, 동시에 현실적인 두려움도 느꼈다.

경기 전, 나는 늘 하던 대로 가볍게 스트레칭을 하고 물에 들어갔다. 하지만 주변 풍경은 내 상식을 완전히 깨버렸다. 현역 선수들은 물속보다 밖에서 훨씬 더 오랜 시간을 보냈다. 폼롤러 마사지부터 밴드 운동, 드릴, 체계적이고 디테일한 워밍업 루틴까지 그들은 이미 경기 전부터 싸우고 있었다.

'워밍업? 심박수만 조금 올리면 되지'라고 생각했던 내 생각이 부끄러워졌다. 그리고 실제 경기에서 더욱 뼈아픈 대가를 치렀다. 수경이 벗겨지고, 턴이 어긋나고, 호흡이 무너졌다. 몸이 아니라, 마인드 준비가 부족했다.

그날 이후 나는 워밍업 루틴부터 전면 수정했다. 속근육 깨우기, 어깨 스트레칭, 짧은 스프린트로 스타트 집중도를 극대화하고, 경기 상황별 시뮬레이션도 추가했다. 작은 변화들이 쌓였고, 결과는 다음 대회 기록에서 그대로 드러났다. 실전은 나를 무너뜨리는 현장이 아니라, 가장 강력하게 훈련시키는 학교였다.

2024년에는 '국제수영연맹 경영 월드컵'이라는 믿기 어려운 무대에 섰다. 세계 수영 월드컵으로 대한민국에서 19년 만에 개최되었다. 개최국 자격으로 일정 기준 기록을 통과한 생활체육인에게도 참가 기회가 주어졌고, 나는 간신히 그 문을 통과했다.

영상으로만 보던 선수들이 코앞에 있었다. 그들의 몸은 한 마리의 동물 같았다. 총알 같은 스타트, 파도처럼 몰아치는 스트로크 그리고 더 인상 깊었던 것은 집중력과 대회를 즐기는 태도였다. 준비는 철저했고, 겸손했다. 그들의 준비는 기술이 아니라, 인격처럼 느껴졌다. 나는 그들과 3일간 함께 지내며 끊임없이 관찰하고 비교하고 메모했다. 경기가 끝나고 돌아와서 나는 내 운동 방식을 완전히 갈아엎었다.

운동은 단순한 반복이 아니다. 분석과 피드백, 그리고 적용이 핵심이다. 수영에서는 25미터 또는 50미터 구간을 촬영해 스트로크 수, 팔 각도, 발차기와 시선, 호흡 타이밍을 0.1초 단위로 분석하고 점검한다. 사이클, 마라톤 역시

  마흔, 달려야 산다

마찬가지다. 상체 기울기, 페달링, 팔치기 등등 하나하나 코치와 동료의 피드백을 받으며 교정하고 내 것으로 체화했다.

이처럼 동료들을 보며 내 약점을 개선했다. 실수해도 거기서 배우면 된다. 부족한 상태에서 시작해 시행착오를 거치며 나아간다. 이 모든 변화는 대회라는 실전이 아니었다면 절대 일어나기 어렵다.

성적을 무조건 올릴 필요는 없다. 대회 참여 자체를 그냥 즐길 수도 있다. 그러나 자신의 약점을 발견하고 이를 극복하는 과정에서 더 큰 성취를 맛보게 된다.

완벽하게 준비된 날은 오지 않는다. 대회는 준비가 끝났을 때 나가는 곳이 아니라, 부족한 지금 '무엇이 부족한지'를 배울 수 있는 곳이다. 실수에서, 흔들림에서, 우리는 스스로를 더 정밀하게 이해하게 된다.

대회는 나의 부족함을 들춰내는 잔인한 심판대가 아니다. 오히려 그 부족함을 받아들이고, 하나씩 채워가게 만드는 가장 현실적인 성장의 무대다. 냉정한 현실을 비추는 동시에, 낯선 도전 감각을 새롭게 불어넣는다. 서포터들의 응원 속에서 느끼는 에너지는, 혼자 연습할 때는 도저히 맛볼 수 없는 벅찬 감동을 선사한다.

철인 3종 입문자라면 '어떤 대회가 있나?', '어떻게 참가 신청을 하지?', '나 같은 사람도 나가도 될까?' 같은 궁금증이 클 것이다. 아래의 내용을 참고하면 도움이 될 것이다.

1) 대한철인3종협회 공식 홈페이지 확인하기

전국 대회 일정, 참가 요강, 연령별 참가 조건 등을 종합적으로 확인하는 공식 채널이다. 계정 생성 후에는 참가 신청도 온라인으로 가능하다.

2) 포털사이트와 소셜미디어 검색 활용하기

지역 철인 3종 동호회 카페 또는 네이버 카페, 페이스북 그룹, 인스타그램 해시태그(#철인3종대회, #트라이애슬론) 등을 검색하면 다양한 동호회 활동과 대회 후기, 훈련 팁을 접할 수 있다. 입문자를 위한 Q&A도 자주 올라와 정보를 얻기 좋다.

3) 대회별 코스 파악하기

• 스프린트Sprint 코스: 수영 750미터, 사이클 20킬로미

터, 러닝 5킬로미터로 약간의 준비만으로도 완주 가능한 거리이다. 첫 도전자에게 가장 인기가 있다.

- 올림픽Olympic Distance 코스: 수영 1.5킬로미터, 사이클 40킬로미터, 러닝 10킬로미터로 체력과 기술을 본격적으로 시험받는 코스다.
- 하프/아이언맨Half/Full Ironman 코스: 극한의 도전이다. 경험과 체력 축적 후 도전을 권장한다.

대회는 목표를 만드는 가장 구체적인 방안이다. 막연히 '언젠가 도전해야지'가 아니라, '이날 이 대회에 나가겠다'라고 결심할 때부터 훈련의 질과 몰입도가 달라진다.

지금 당신에게는 완벽한 준비가 아니라, 일단 시작하는 용기가 필요하다. 그리고 그 한 걸음이, 당신의 훈련을 전혀 다른 차원으로 이끌 것이다.

함께 달리면
끝까지 간다

"빨리 가려면 혼자 가고, 멀리 가려면 함께 가라."

이 말은 단순한 격언이 아니라, 인생 전반과 스포츠에 모두 적용되는 지혜다.

철인 3종 대회에서 수영, 사이클, 마라톤은 개인의 기록으로 순위가 결정되기 때문에 개인 종목처럼 보인다. 그러나 철인 3종은 단순한 개인의 도전으로만 볼 수는 없다. 철인 3종을 함께하는 동료들은 짧은 시간 안에 깊은 유대감을 형성한다. 경기 중에는 외롭고 힘든 자신과의 싸움을 이겨내는 과정이지만, 그 길을 함께하는 동료들이 있기에 더 의미 있고 값지다.

2018년에 나간 'JTBC 서울마라톤'은 내 생애 첫 풀코스 마라톤이었다. 장거리 달리기는 생전 처음이었던 지라, 어디서 어떻게 힘들어질지 감도 안 왔다. 사람들은 말했다.

"35킬로미터 지점 이후부터 진짜 마라톤이 시작돼."

그 말은 곧 현실이 되었다. 26킬로미터 지점에서 장경인대 통증이 밀려왔고, 다리에서 쥐가 났다. 한 걸음 한 걸음이 고통이었다. 함께 달리던 형은 포기를 권했다. 형에게 말했다.

"저 절대 포기 안 하고 걸어서라도 끝까지 갈 거니깐 형 먼저 가세요."

감사하게도 형은 내 옆에서 끝까지 나와 함께 걸어주고 뛰어주었다. 특히나 자원봉사자들에게 무척 감사했다. 보급소와 보급소 사이에서 자원봉사자들이 응원과 함께 사비로 준비한 음료를 나눠줬다. 파스도 있어서 누구든 부탁하면 아낌없이 뿌려줬다. 처음 이 광경을 봤을 때 가슴에 큰 울림이 있었다. 여러모로 도움도 많이 받았다.

수많은 사람의 도움과 응원 덕분에 그렇게 나는 첫 마라톤 완주를 마쳤다. 그리고 결심했다.

'앞으로 어떤 도전이든, 불평하지 않고, 핑계 대지 않고, 후회 없이 끝까지 간다. 다른 사람들도 그렇게 할 수 있게 도와줄 것이다.'

첫 마라톤에 참가한 뒤로 2019년부터 꾸준히 1년에 두 번씩은 풀코스 마라톤을 뛰었다. 2024년에는 한국에서 규모가 큰 대회 중 하나인 '동아마라톤'에 참가했다. 기록은 중요하지 않았다. 이 날은 오직 완주 그 자체가 목표였다.

나는 느린 속도로 출발했다. 나를 지나치거나 옆에서 달리는 주자들의 표정이 보였다. 평소 같으면 앞만 보고 질주하고, 옆을 보더라도 경쟁자로 의식했을 터였다. 하지만 이번에는 경쟁심 없이 주변 주자들의 표정을 보았다.

웃는 사람, 고통에 찬 얼굴, 표정 없는 러너들까지 다양했다. 그 안에서 나는 한 사람 한 사람의 삶을 보았다. 누구나 각자의 싸움을 안고 달리는 중이었다. 고은 시인의 시 "내려갈 때 보았네, 올라갈 때 보지 못한 그 꽃" 한 구절이 떠오르는 순간이었다.

마라톤에서 35킬로미터 지점 후 2~3킬로미터는 정말 최악이다. 말 못할 통증이 다리에 몰려왔다. 장경인대의 뻣뻣함, 터질 듯한 종아리 근육, 떨리는 발. 그 순간 가장 먼저 떠오른 생각은 '포기', '멈춤'이라는 단어였다.

그런데 마침, 누군가 외쳤다.

"이준호 화이팅!"

모르는 사람인데 배번에 적힌 내 이름을 보고 화이팅을 외쳤다. 그 낯선 응원에 가슴이 울컥했고, 감동했다. 지치고 힘들 때 누군가 내 이름을 불러주면, 그 힘은 정말 크다. 덕분에 한 걸음 한 걸음을 더 내디뎠다.

마라톤은 혼자 뛰는 경기가 아니라, 주변의 손길과 응원이 모여 완성되는 여정이다. 철인 정신 역시 혼자가 아니라 함께 성장하고, 서로를 북돋으며 완성된다.

치과 진료도 마찬가지다. 혼자서는 절대 해낼 수 없다. 환자, 스태프, 기공사 등 모두 각자의 일에 서로가 필요하다. 그 일들이 잘 연결될 때 어떤 일이든 해낼 수 있다.

지금 소속된 철인 3종 동호회가 없었다면 아이언맨 도전도 쉽지 않았을 테다. 함께하는 동료들이 있어 8년째 꾸준히 운동을 지속할 수 있었다.

2019년과 2023년에 각각 남자 자유형 100미터 생활 체육 연령대별 한국 신기록을 세운 일도 마찬가지다. 수영 훈련 팀과 훈련 메이트가 없었다면 절대 불가능했다.

마라톤과 철인 3종은 혼자만의 의지로 노력으로 달성하기 힘든 여정이다. 동료의 응원, 낯선 이의 한마디, 팀의 유대가 결승선을 밟게 한다.

나에게 철인 3종은 기록이나 순위의 문제가 아니다.

나를 되돌아보고, 사람들과의 만남 속에서 감사와 기쁨을 느끼는 삶의 방식 중 하나다. 지금까지 꾸준히 이어올 수 있었던 이유도 그 때문이다.

40대에 운동을 시작하는 이들에게 전하고 싶은 메시지는 간단하다. '함께 달리면 지치지 않는다'는 사실이다. 동호회 문을 두드리고, 러닝 파트너를 찾아라. 외로운 첫걸음이 동료들과 함께 완주의 기쁨으로 이어진다. 동료와 함께 새로운 결승선을 향해 달리는 재미와 즐거움을 맛보면 좋겠다.

5장

인생의 레이스는
아직 끝나지 않았다

: 백 세 시대, 삶의 활력을
100퍼센트로 끌어올리는 법

젊은 중년,
전력 질주해도 괜찮은 이유

대한수영연맹에서 주최하는 마스터즈 대회는 선수들에게 1년 중 가장 큰 무대다. 우리나라에서는 대한수영연맹에서 주최하는 대회만이 공식 기록으로 인정된다.

2019년, 나는 '코리아 마스터즈 2019' 대회에서 자유형 100미터 남자부 30대에서 한국 신기록을 세운 적이 있다. 그러나 이후로 마스터즈 수영계의 레벨이 급상승했고, 내 기록은 금세 깨졌다. 그 순간, 도전 정신이 다시 되살아났다.

대한수영연맹 웹사이트에서 기록을 확인하던 중 남자 성인부 4그룹(35~39세)에서만, 자유형 100미터에서 1분 이하의 기록이 없다는 사실을 알게 됐다.

'이거, 내가 해볼 수 있겠다.'

당시 내 나이는 만 39세. 2023년 12월에 열리는 대회에서 기록을 세우지 못하면 이 기록을 달성할 기회는 평생 사라지는 것이었다. 30대 후반 남자 자유형 100미터 한국 신기록에 도전할 단 한 번의 기회였다.

훈련은 나름 주어진 시간 안에서 최선을 다했지만, 마음은 복잡했다.

'기록을 못 깨면, 기회는 영영 사라진다. 기록을 세우더라도 1등이 아니면 공식 신기록은 인정되지 않는다.'

이 모든 부담감이 쉽게 떨쳐지지 않았다.

스타트대에 올라섰을 때, 나는 마음속으로 반복했다.

'나는 할 수 있다. 할 수 있다!'

출발을 알리는 소리가 울리고, 몸은 망설임 없이 물속을 갈랐다. 스트로크와 호흡 모두 훈련한 그대로 반복했다.

마지막 10미터. 온몸의 젖산이 몰려들었지만 남은 에너지를 쥐어짜서 터치패드를 찍었다. 피니시 터치가 완벽하진 않았다. 작은 아쉬움이 남은 채 뒤돌아보니 전광판에 떠오른 숫자, 59.91초.

백 번, 천 번 상상했던 그 장면이 드디어 현실이 되었다. 나는 팔을 번쩍 들고 포효했다. 그 순간 그동안 목표를 향해 달려온 순간들이 떠올라 감정이 북받쳐 올랐다 (2026년 1월 현재까지도 이 기록이 깨지지 않고 있다).

마흔, 달려야 산다

나는 모두에게 한 번쯤은 목표를 세우고 전력으로 달려보라고 권하고 싶다. 운동이든, 공부든, 일이든 전력을 다해 도전하는 순간, 자신과 깊이 만나게 된다. 그날 경기장에서 내가 마주한 두려움, 희열, 후회, 집중, 자부심 이 모든 감정은 삶의 그 어떤 순간보다 강렬했다.

결과를 떠나 목표를 향해 가는 과정, 운동하며 흘린 땀, 한계를 뛰어넘으려 한 모든 도전이 진짜 성취감의 본질이다. 그 과정에서 나는 나 자신을 더 이해하고, 더 단단한 사람이 되었다.

운동 조건에 나이 제한은 없다

나는 이제 40대다. 백 세 시대라지만, 현실은 인생의 후반전에 들어섰다. 예상하지 못 한 일이 언제든 벌어지는 세상에서 내가 붙들고 싶은 하나는, 바로 도전이다.

나에게 기록은 단순한 숫자가 아니라 나 자신을 믿고 증명하는 과정이다. 물론 이 여정은 여기서 끝나지 않는다. 나는 또 다른 기록에 도전할 예정이다.

내가 배움을 멈추지 않고, 도전을 두려워하지 않고 나아간다면 어떤 불확실함도 두렵지 않다. 나는 안다. 나 자신을 믿지 않으면, 누구도 나를 대신해 끝까지 나아갈 수 없다는 사실을.

40대가 되면, 체력 저하와 누적된 피로, 바쁜 일상으로 운동과 멀어지는 경우가 많다. 이렇게 하소연하는 사람도 있다.

"운동은 20대나 하는 거야. 지금은 뛸 체력도 없고, 시간도 없어."

이제 '늦었다'라는 생각은 운동을 시작하려는 의지를 꺾는다. 40대는 운동을 시작하기에 결코 늦지 않았다. 오히려 신체 회복력과 삶의 우선순위를 재설계할 골든타임이다.

수영선수 다라 토레스는 41세에 올림픽 은메달을 따며, 최고 수준의 성과를 증명했다. 육상 선수 버나드 라갓은 40세가 넘어서도 올림픽에서 경쟁했고, 미국 대표로 세계선수권에 출전하며 나이가 장애물이 아님을 증명했다. 이들은 40대 이후에도 놀라운 성취를 이루며 나이는 숫자에 불과함을 실제로 보여줬다.

운동을 시작하기에 40대는 오히려 최적의 시기일 수 있다. 신체는 아직 회복력이 강하고, 삶의 우선순위 역시 재설계할 여지가 남아 있다. 자신을 더 깊이 이해하고 단련한 다음에 더 정밀하게 도전할 시간이다. 몸과 마음을 전략적으로 운영할 시기다. 40대를 도전의 끝이 아니라 깊이와 밀도를 더해주는 시작점으로 삼자. 백 세 시대다. 어쩌면 마흔은 그 어느 때보다 전력 질주하기 딱 좋은 시기일지 모른다!

도전은 나이를 묻지 않는다

나는 마스터즈 수영대회에 자주 참가한다. 그 현장에 가면 늘 나이의 한계를 넘는 이들을 만날 수 있다. 대한수영연맹에 생활체육 75~79세 연령대의 한국 신기록이 등록되어 있을 정도다. 그 기록을 세운 이들이 여전히 대회에 출전한다는 사실만으로도 존경스럽다.

가장 강렬했던 순간은 2019년 광주 FINA 세계마스터즈 대회에서 마주한 93세 일본인 수영선수 아마노 토시코의 역영이었다. 출전한 종목은 자유형 100미터였다. 결코 쉬운 종목이 아니다. 나조차 숨이 차고, 마지막 15미터에는 젖산이 쌓여 근육이 굳기 시작한다.

토시코 선수는 수영 스타트대가 있는 곳까지 휠체어를 타고 이동했다. 출발대에 설 수 없어 물속에서 출발했지만, 물속에서의 움직임은 거침이 없었다. 관중 모두 숨을 죽인 채 지켜봤고, 그녀가 터치패드를 찍는 순간 수영장에는 믿을 수 없을 만큼 큰 박수갈채가 쏟아졌다. 그녀는 환하게 웃으며 손을 흔들며 물 밖으로 나왔다. 그 모습은 지금도 내 마음에 선명하게 남았다.

"백 살까지 대회에 출전하고 싶습니다."

그녀의 인터뷰는 간결했지만 많은 사람에게 귀감이 되는 말이었다.

노익장을 보인 선수는 그녀뿐만이 아니었다. 200여 명이 넘는 선수가 70대였고, 80대가 60여 명, 90대가 4명이었다. 그들은 모두 자기 자신이 살아 있음을 증명한 사람들이었다.

나이는 단지 숫자라는 말이 그날에서야 진실하게 들렸다. 철인 3종 경기도 마찬가지다. 아이언맨 대회에 출전할 때마다 70대 이상의 선수들이 당당히 완주하는 모습을 자주 본다.

가장 충격적이면서도 감동적이었던 순간은 2024년, 호주 케언스에서 열린 아이언맨 대회에서 91세의 일본 선수 히로무 이나다가 완주자 명단에 이름을 올렸을 때였다. 그는 역사상 가장 나이 많은 완주자로 기록되었다. 그뿐이 아니다. 뉴질랜드인 워런 힐은 84세의 나이로 아이언맨 성지인 하와이 코나에서 대회를 완주했다. 이 대회는 아무나 나갈 수 없다. 연령대별 상위 몇 명에게만 주어지는 출전권을 따야만 참가할 수 있다. 그는 2017년 77세에 첫 도전을 시작해, 2019년, 2022년, 2024년까지 세 차례나 하와이 코나에서 열리는 '아이언맨 월드 챔피언십'을 완주했다.

그가 말했다.

"어떤 목표를 이루기에 늦은 나이는 없습니다. 저는 그 사실을 증명하고 싶었습니다."

그들의 이야기를 들으면 '나는 아직 한참 남았구나' 싶다.

우리는 종종 '이젠 나이가 많아서…', '여건이 안 되어서…', '체력이 예전 같지 않아서…'라고 이런저런 핑계를 대며 자신의 가능성을 제한하는 울타리를 만든다. 하지만 젊은 나이에 도전하지 않은 일이라도 나이 들어 할 수 있다. 생각을 행동으로 옮겼을 때 변화가 시작된다.

한계는 환경이 아니라 마음이 만드는 것

2022년 '아이언맨 캘리포니아' 대회에서의 일이다. 나

마흔, 달려야 산다

는 수영 파트에서 대부분 선두 그룹에서 출수한다. 이 대회에서도 3.8킬로미터 수영을 50분 만에 끝낸 후 180.2킬로미터 사이클을 시작했는데, 20킬로미터쯤 달렸을까. 내 앞에 한 할머니가 있었다. 내 눈을 의심했다. 정말 눈을 몇 번 깜박였다.

'설마 수영을 나보다 빨리 끝내신 거야?'

나는 추월하면서 그녀를 쳐다보며 다시 확인했다. 정말 백발의 할머니였다. 믿기 어려웠다. 하지만 더 놀라운 사실은 사이클 구간에서 그분과 내가 계속 엎치락뒤치락했다는 점이다. 그 연세에 그 경기력이라니, 정말 상상을 초월했다.

'저 나이에 어떻게 준비하셨을까? 얼마나 꾸준히, 얼마나 철저히 자기관리를 하셨을까?'

나는 그날, 존경의 마음으로 그분과 함께 달렸다.

이처럼 아이언맨에 출전한 사람들은 인간의 한계를 넘어설 수 있다는 가능성을 보여준다. 신체적으로 건강한 사람조차 완주하기 힘든데, 암 환자부터 80세 노인, 심지어 장애를 가진 가족과 함께 뛰는 사람들이 도전하는 모습을 보면, 우리의 가능성은 결코 외부 환경에 의해 결정되지 않음을 깨닫는다. 그들은 삶의 시련과 고난 속에서도 포기하지 않는 강한 정신과 희망을 보여준다. 인간의 한계는 환경이 아니라, 마음이 만드는 것임을 보게 된다.

내가 속한 철인 3종 팀에도 젊은 사람들보다 체력이 좋고 빠르고 강한 분이 많다. 그분들을 볼 때마다 나는 배운다. 나이는 숙련의 증거가 될 수 있다.

물론 나이가 들면 신체적 한계가 생긴다. 부상의 위험도 높아지고, 회복도 느려진다. 하지만 틀에 갇혀 후회하는 삶보다는, 넘어지더라도 도전하는 삶이 훨씬 더 젊고 건강하다.

나는 노인이 되어서도 도전하는 사람이고 싶다. 그것이 나를 가장 '젊게' 만들어줄 힘이라고 믿는다. 그 삶을 향해 나는 오늘도 훈련한다.

말보다 행동,
고민보다 한 번의 실천

철인 3종을 준비하며 한 가지 삶의 원칙을 깨달았다.
'말보다는 행동, 고민보다는 실천, 걱정보다는 만회.'

살다 보면 누구나 '해야 하는 일'과 '하고 싶은 일' 사이에서 망설인다. 운동을 할까 말까, 대회에 나갈까 말까, 오늘은 쉴까 말까…. 하지만 내 경험상 고민이 길어질수록 행동은 멀어진다.

그래서 나는 고민하기보다 가능한 한 빨리 몸을 일으킨다. 운동화를 신고 문밖으로 나간다. 사이클부터 끌고 나간다. 수영장으로 간다. 망설임은 늘 정체를 부르지만, 행동은 곧 변화가 된다.

새로운 일에 도전하거나 중요한 결정을 앞둘 때도 같은 원칙이 작동한다. 과거의 나는 망설이고 고민하다가 기회를 놓치곤 했다. 그러나 지금의 나는 더 체계적이고 건설적인 방식으로 접근한다.

일이 계획대로 되지 않더라도 스트레스를 받으며 허우적대지 않는다. 왜 이렇게 되었는지 살피고, 바로 만회할 차선책을 찾는 습관이 생겼다. 무엇보다 내가 해내리라는 자신감이 생겼다.

살다 보면 누구나 어려움에 부딪힌다. 문제는 그 순간, 나를 얼마나 인정하고 버티느냐에 달렸다. '원래 이래 왔으니까', '다들 그렇다니까', '또 상처받기 싫으니까'라는 생각은 결국 나를 멈춰 서 있게 만든다. 변화는 언제나 두려움과 함께 찾아오고, 우리는 그 두려움 앞에서 무력해지기 쉽다. 하지만 정말 중요한 질문은 이것이다.

'지금의 나는, 나를 움직이고 있는가?'

나는 자주 조용한 방에 혼자 앉아 눈을 감고 마음을 들여다본다. 그 안에서 아주 희미하더라도 '나는 할 수 있다'는 마음이 들면, 나는 그것을 믿기로 했다. 그 작은 울림이야말로 변화의 출발선이기 때문이다. 변화는 거대한 계기가 아니라, 아주 작은 시작에서부터 자라난다.

심리학자 앨버트 반두라는 이를 '자기 효능감'이라 불렀다. 자신이 어떤 행동을 성공적으로 수행하리라는 믿음이 행동의 지속성과 결과를 결정함을 지칭하는 말이다. 자기 효능감이 높은 사람은 실제로 실패에도 쉽게 무너지지 않고, 더 강한 회복력을 보인다. 나 역시 운동을 하며 자기 효능감을 키워온 셈이다.

실천이 길을 열어준다

내 삶의 전략은 '매일 하루를 완주하자!'이다. 완벽한 성취보다 그날 할 수 있는 최선을 다해 '완주하는 사람'이 되고 싶다. 그렇게 하루를 완주하고 나면, 어제보다 조금 더 강해진 나를 마주한다. 마흔에도, 오십에도 매일을 성실히 완주하다 보면 언젠가 이루고자 했던 큰 목표에 가까워진 나 자신과 만나게 될 테다.

나는 비트겐슈타인의 이 말을 좋아한다.

"너 자신을 개선해라. 그것이 네가 세계를 개선하기 위해 할 수 있는 유일한 일이다."

또 비트겐슈타인은 "언어의 의미는 사용되는 '놀이' 속에서 드러난다"라고 말했다. 쉽게 말하면, 우리가 어떤 말을 하느냐보다 그 말대로 어떻게 살아내느냐가 더 중요하다는 뜻이다. 아무리 멋진 말을 외치더라도 삶으로 실천하지 않는다면 그 말은 공허한 메아리에 불과하다. 행동 그 자체로 보여주는 삶이 가장 설득력 있는 삶이다.

나는 철인 3종을 시작하고 더 건강해졌고, 정신은 더 또렷해졌다. 무엇보다 계획한 일을 실천으로 옮기는 힘이 커졌다. 이전에는 계획만 세우고 실행에 옮기지 못하는 일이 많았다. 하지만 지금은 다르다. 실패하더라도 그 원인을 분석하고, 바로 만회하려고 움직이는 습관이 몸에 배었다. 그 과정에서 얻은 가장 큰 선물은 자신감이다.

무언가를 해보고 싶다는 마음이 든다면, 지금 바로 시작하자. 더 이상 완벽한 준비나 때를 기다리지 말자. 행동이 준비를 완성시킨다. 그리고 그 실천들이 모여 길을 열어갈 것이다.

넘어져도 일어나
다시 뛰는 용기

2021년 6월 20일, 제주 성산일출봉. 그곳에서 열린 철인 3종 대회 '태양의 철인'에 나는 동료들과 함께 출전했다. 그날은 나에게도 특별한 의미가 있는 날이었다. 처음으로 철인 3종의 끝, 아이언맨에 도전하는 날이었기 때문이다. 이 코스는 단순한 세 종목의 조합이 아니다. 육체와 정신, 인간이 가진 한계의 깊이를 모두 시험하는 여정이다.

수영은 자신 있는 종목이었다. 성산일출봉 너머로 붉은 태양이 떠오르는 바다 위에서, 나는 3.8킬로미터를 1시간 4분 만에 완주했다. 몸도 마음도 가볍고 상쾌했다.

'이대로만 간다면, 나의 첫 아이언맨은 성공적으로 끝날 수 있겠구나.'

하지만 고비는 언제나 예상하지 못한 순간에 찾아온

다. 나의 약점인 사이클을 탈 때였다. 그날 코스는 거센 오르막과 내리막이 반복되었고, 나는 이를 충분히 대비하지 못했다. 훈련량은 턱없이 부족했고, 허리와 목의 통증은 초반부터 몰려왔다.

집중력이 흐려진 순간, 도로의 작은 턱 하나를 피하지 못한 나는 결국 낙차 사고를 당했다. 왼쪽 어깨에 힘이 들어가지 않았고, 코피가 멈추지 않았다. 몸 상태는 심각했지만, 나는 포기하지 않으려 했다. 동료의 만류에도 사이클을 끌고 몇 미터를 더 가보려 애썼다. 그러나 결국, 그날의 도전은 응급차 안에서 끝이 났다.

제주 한라병원 응급실로 이송된 나는 곧장 중환자실로 옮겨졌다. 방사선 사진과 MRI 결과는 충격이었다. 척수가 다칠 뻔한 상황이었고, 조금만 더 깊이 손상을 입었다면 다시는 걷지 못했을 수도 있었다. 다행히 큰 신경은 피했지만, 왼쪽 어깨 신경 손상으로 인해 한 손으로는 젓가락조차 들 수 없게 되었다. 철인의 꿈은커녕, 일상조차 버거운 현실과 마주해야 했다.

그때부터 나의 퇴근 후 일과는 재활이었다. 1킬로그램 아령조차 들 수 없었고, 맨손 재활도 버거웠다. 왼팔을 드는 작은 동작 하나하나가 눈물 날 만큼 고통스러웠다. 사실 2015년, 나는 이미 오른쪽 어깨 인대 재건 수술로 어

마흔, 달려야 산다

깨에 못 여덟 개를 심은 상태였다. 그때도 긴 재활을 거쳤기에 이번에도 금방 회복되리라 생각했다. 그러나 착각이었다.

예전에는 통증이 힘들었다면, 이번에는 통증조차 없는 상태에서 아무것도 할 수 없는 무기력함이 더 괴로웠다. 눈앞에 있는 컵 하나조차 들 수 없을 때, 내 몸이 내 것이 아닌 듯한 느낌에 자주 좌절했다. 육체적으로도, 정신적으로도, 모든 순간 무너졌다.

'여기서 멈출 텐가, 이 고통을 기회로 바꿀 텐가?'

이 질문에 답하기가 쉽지 않았다. 수개월간 이어진 재활 속에서, 나는 나 자신을 용서하는 법부터 배워야 했다. 내가 부족했음을 인정하는 데도 시간이 걸렸다. 준비되지 않은 자의 오만이 부른 대가였다. 그 진실을 받아들이는 데도 용기가 필요했다.

그러나 고개를 들어 앞을 다시 보았을 때, 나는 깨달았다. 실패를 밀어내고 외면하면 거기서 끝나지만, 그 실패를 끌어안고 다시 걸어가면 그것은 시작이 될 수 있다.

나는 다시 사이클 위에 올랐다. 가장 약했던 종목이자, 가장 두려운 트라우마의 대상이었던 사이클을 다시 시작하기 위해 사람이 없는 새벽길을 골랐다. 낙차의 공포는 여전히 온몸에 붙어 있었지만, 속도보다 장거리에 초점을 맞추고 힘을 안배하며 계속 나아가야 한다는 중요한 사실을 배워가며 조금씩, 꾸준히 페달을 밟았다.

처음 도전한 아이언맨 대회는 실패로 끝났지만 오히려 그 실패는 나를 더 겸손하게 만들었고, 다시 시작할 명분을 마련해주었다.

그날의 낙차는 내게 말했다.

'과정 없이 결과만 바라보는 시야는 위험하다. 더 철저하게 준비하고, 내 몸을 더 잘 들여다봐야 한다.'

나는 인정한다. 그날의 실패는 100퍼센트 내 준비 부족 때문이었다. 하지만 진짜 철인은 완주한 사람이 아니라, 넘어졌을 때 다시 일어나는 사람이다. 철인은 완주 기록만으로 결정되지 않는다. 그것은 쓰러지고도 다시 일어설 줄 아는 끈기, 고통 앞에서도 삶을 선택하는 태도, 끝까지 자신을 믿는 믿음으로 증명된다.

한계를
새로운 가능성으로

실패한 그 자리에서 멈추고 싶지 않았다. 몸이 부상을 입고 핸디캡이 생겼지만, 한계를 새로운 가능성으로 이어가고 싶었다. 그래서 1년 뒤, 나는 미국 땅에서 다시 도전장을 냈다.

이번 도전은 그 어느 때보다 차분하고 진지한 마음으로 준비했다. 절대 다치지 않고, 반드시 완주해서 돌아오겠다고 굳게 다짐했다.

2022년 10월 23일 일요일 새벽 5시. 찬 공기가 가득한 캘리포니아 새크라멘토의 새벽은 '아이언맨 캘리포니아' 참가자들과 자원봉사자들로 북적였다. 아이언맨의 첫 시작인 수영을 위한 대기 줄에 서 있었다. 경기 시작 시간이 다가올 때쯤 아나운서가 말했다.

"여러분 준비하느라 고생 많았습니다. 아이언맨의 여정을 시작한 순간부터 여러분은 다른 사람이 되었을 겁니다. 많이 희생하고 노력했으며 사랑하는 이 또는 가족들이 아니었다면 이 자리에 서지 못했을 겁니다. 우리는 당신들을 믿습니다. 꼭 무사히 완주하여 아이언맨이 되시길 바랍니다."

3.8킬로미터의 수영, 180.2킬로미터의 사이클, 그리고 42.195킬로미터 풀코스 마라톤. 총 226킬로미터라는 거리는 내 몸과 마음의 모든 한계를 시험하는 여정이었다.

수영은 순조로웠지만 사이클에서는 모래바람과 체력 고갈에 시달렸고, 마라톤 후반부에는 근육 경련과 극한의 고통이 몰려왔다. 하지만 나는 알았다. 이 고통은 잠깐이고, 후회는 오래간다는 사실을. 그럼에도 '멈추고 싶다'라는 유혹은 수없이 찾아왔다. 하지만 나는 멈출 수 없었다. 내가 여기까지 온 이유, 그 모든 노력을 떠올리며 한 발, 또 한 발을 내디뎠다.

그리고 마침내, 결승선에 도착했다. 내 귀에 들려온 그 목소리를 잊을 수 없다.

"Junho, You are an Ironman(준호, 당신은 아이언맨이야)!"

예상했던 벅찬 성취감이나 아드레날린의 폭발 대신 전혀 다른 감정이 밀려왔다. 승리의 기쁨보다 부상과 재활, 끝없는 훈련을 이겨내며 쌓아온 노력의 순간들이 주마등처럼 스쳐 지나갔다.

그렇게 사고 16개월 후에 나는 11시간 47분 9초 만에 '아이언맨 캘리포니아'의 결승선을 통과했다. 그 순간, 나는 확신했다. 내가 이룬 것은 단지 완주 기록이 아니라, '다시 시작할 수 있는 사람'이라는 정체성이었다.

나 자신을 뛰어넘는 경험

이 과정에서 내가 얻은 중요한 자산은 회복탄력성, 즉

마흔, 달려야 산다

'다시 일어서는 힘'이다.

철인 3종 훈련을 하다 보면 고비가 한두 번이 아니다. 훈련 일정이 어그러지기도 하고, 예상치 못한 부상을 입기도 한다. 경기 중에는 늘 예상치 못 한 일이 생긴다. 허기를 느끼고, 호흡 곤란을 느끼고, 때론 넘어진다.

하지만 철인 3종의 매력은 실수와 고통 속에서도 다음을 포기하지 않는 데 있다. 경기를 하는 도중에 실수하거나 넘어졌을 때 앉아서 후회하거나 한탄하는 대신 털고 바로 일어나 다음을 향해 나아가도록 한다.

당장은 힘들어도, 다음 종목에서 만회할 수 있다는 희망으로 다음 종목에서 기록 단축의 기회를 노린다. 넘어졌으면 일어나고, 지쳤다면 보급소의 에너지 젤을 삼키며 다시 나아간다. 그렇게 힘을 내서 완주한다.

결승선을 통과할 때 느끼는 그 벅찬 감정은 기록 자체에 대한 만족감이 아니라, 내가 나 자신을 뛰어넘은 과정에 대한 경의다.

실패를 받아들이고, 빠르게 회복하고, 다시 도전하는 과정이 몸에 배면서 점점 더 강해졌다. 중요한 것은 '실패하지 않는 것'이 아니라 '실패했을 때 어떻게 다시 시작하느냐'다. 운동을 하며 나는 이 점을 몸으로 익혔다.

심리학자 앤 매스턴은 회복탄력성을 '평범한 사람들의

비범한 힘'이라고 말했다. 위기 앞에서 특별한 사람만이 아니라, 평범한 사람 누구나 조금씩 회복하고 적응하는 힘을 지닌다는 뜻이다. 나는 그 사실을 훈련과 재활을 하며 매일 직접 체험했다.

지금도 왼팔은 오른팔의 80퍼센트 힘밖에 나지 않는다. 하지만 나는 이렇게 말할 수 있다.

"더 큰 사고로 이어지지 않아 감사합니다."

"아직 걷고 달릴 수 있고, 무엇보다 다시 도전할 수 있어 감사합니다."

운동은 나에게 회복탄력성을 가르쳐준 스승이었다. 그 누구도 대신할 수 없는 싸움을, 나는 다시 스스로 시작한다. 천천히, 그러나 확실하게.

돌아보면, 성취란 결과가 아니라 그 결과를 향해 버텨 온 시간 속에 있었다. 삶은 고속도로가 아니다. 갑작스러운 고장, 뜻밖의 우회로, 막다른 골목에서 길을 잃기도 한다. 하지만 그때마다 방향을 다시 잡고, 다시 출발할 수 있다면 우리는 반드시 도달할 것이다.

중환자실에 누워 절망하던 내가, 1년 반 뒤에 아이언맨 대회를 완주하고, 2년 뒤엔 자유형 100미터 30대 후반 한국 신기록을 다시 썼다. 만약 그때의 부상이 없었다면, 나는 이처럼 단단하고도 깊이 있는 성취를 경험하지 못했

마흔, 달려야 산다

을지도 모른다.

실패는 나를 꺾지 못했다. 오히려 나를 단련시켰다. 실패는 멈춤이 아니라, 다시 뛰기 위한 준비 운동이었다.

누구나 실패를 경험한다. 하지만 진짜 실패는 그 자리에서 다시 일어서지 못할 때 확정된다. 넘어졌다면, 다시 일어서면 된다. 넘어진 그 자리에서 이유를 찾고, 고치고, 다시 도전하면 그것은 실패가 아니라 성장이다.

누군가의 성공을 볼 때 우리는 종종 오해한다.

'저 사람은 운이 좋았어. 처음부터 잘 나갔지.'

하지만 그들은 이미 수없이 넘어졌고, 수없이 다시 일어선 사람들이다. 우리는 단지 결실의 순간만을 보고, 그들이 견뎌온 과정의 그림자는 보지 못한다.

일론 머스크도 지금은 세계 최고 기업가 중 한 명이지만, 테슬라 창업 초기에 네 번의 실패와 위기를 견뎌냈다. 그의 성공은 단 한 번의 시도가 아닌, 실패를 밀어내고 나아간 시간의 누적이었다.

강한 사람은 계속 잘하는 사람이 아니다. 무너져도 다시 일어나는 사람이다.

혹시 지금, 당신도 멈춰 서 있다면 말하고 싶다. 두려워하지 말고 도전하라. 포기하고 싶은 마음이 들었다면,

오히려 그 순간이 시작점일 수 있다. 그 한 걸음을 내디뎠을 때, 비로소 삶은 우리에게 진짜 배움을 안겨준다. 그 배움에서 우리는 더 강하고, 더 단단한 사람으로 다시 설 기회를 얻는다. 그래서 도전하는 사람만이, 삶의 아름다움을 더 깊이 누릴 수 있다.

겨울에 움직인 사람만이
봄에 피어난다

한국 철인 3종 기준으로 보면, 대부분의 대회는 10월 '통영 월드 트라이애슬론 컵'을 끝으로 마무리되고, 이듬해 3월 '대한철인3종협회장배 미추홀 전국 듀애슬론 대회'로 시즌이 다시 시작된다. 그사이에 운동하는 사람들은 이 시기를 흔히 '비시즌'이라고 부른다.

약 4개월의 비시즌 동안 많은 사람이 운동을 쉬거나 느슨하게 보내는 경우가 많다. 하지만 나는 이 시기를 오히려 더 중요한 준비 시간으로 본다. 이 시기에 어떤 준비를 하느냐에 따라 다음 시즌의 성과가 결정되기 때문이다.

비시즌 동안 하는 훈련은 화려하거나 강렬할 필요가 없다. 겨울철은 근육과 관절이 경직되기 쉽기 때문에, 충분한 준비 운동과 기초 훈련이 필수다. 눈에 띄는 성과보다는 눈에 보이지 않는 근육, 유연성, 속근육, 코어, 자세 교정, 신경 전달 능력을 다듬어가는 것이 중요하다. 이 모든 기초 훈련이 다음 해가 왔을 때 내 몸을 준비된 상태로 만든다.

나처럼 부상 이력이나 재활의 과정 중에 있는 사람에게는 이 시기야말로 다음 시즌의 성패를 가르는 시간이다. 겨울인 11월부터 3월까지 무리하게 훈련하다 부상을 입지 않도록 가장 주의해야 한다. 그때 부상당하면 그것만큼 억울한 일이 없다. 그 시기에는 느리고 꾸준히, 자신에게 맞는 속도로 훈련을 이어가야 한다.

겨울은 춥고 어둡다. 몸도 움츠러들고, 마음도 자주 느슨해진다. 추우니까, 어두우니까, 나중에 하자는 유혹이 자연스럽게 스며든다. 하지만 계절은 기다려주지 않는다. 쉬는 자리에 근육은 빠지고, 순발력은 굳고, 심폐지구력은 떨어진다. 정말 무서운 건 나태가 아니라, 반복된 나태가 만드는 퇴보다.

나는 겨울을 어떻게 활용하느냐에 따라 다음 한 해가 달라짐을 경험하고, 겨울에 기초 훈련을 열심히 임했다. 그 결과, 2024년 한 해에만 풀코스 마라톤 2회 완주, '아이언맨 70.3' 3회 완주, '아이언맨 구례' 완주를 또다시 11시간대에 완주했다. 이 모든 성과가 비시즌에 만들어졌다. 아무도

보지 않는 시간, 내 몸을 돌보는 루틴으로 하루하루를 쌓아올렸기에 가능한 일이었다.

이러한 꾸준함은 매일 무리하게 반복해서 되는 일이 아니다. 자신을 아끼고 돌보는 방식이며 미래를 준비하는 시간이다. 그래서 아무도 보지 않아도 기꺼이 나를 위해 움직인다.

인생도 비시즌을 겪는다. 일이 뜻대로 풀리지 않거나, 목표를 잃고 방황하는 시간이 그렇다. 그럴 때일수록 지금이 바로 준비되는 시간임을 기억해야 한다. 나이가 들수록 성과는 더디고, 몸은 예전 같지 않지만, 깊이 뿌리를 내리는 시간은 언제나 조용히 흘러간다. 그 뿌리는 반드시 다음 계절에 꽃을 피운다.

겨울에는 쉬어도 된다. 다만, 너무 오래는 쉬지 말자. 남들이 쉬는 그 시간에 어떻게 보내는가에 따라 당신의 다음 시즌이 결정된다. 오늘 당신이 선택한 작은 습관 하나가, 다가올 봄날 누군가의 박수를 받을 피니시 라인이 되어줄 것이다.

지금, 쉬는가? 준비하는가? 자신만의 방식으로 겨울을 조용히, 확실하게 준비하라. 분명 더 강해진다.

나의 롤 모델은,
10년 후의 나

"롤 모델이 누구예요?"

자주 듣는 질문이지만, 나는 늘 머뭇거렸다. 존경하는 사람은 많지만, 내 삶의 방향을 좌우할 정도로 따라 살고 픈 인물은 없었기 때문이다.

우리는 각기 다른 환경에서, 다른 성향대로 성장한다. 누군가의 삶을 그대로 따라 하기란 불가능에 가깝다. 그래서 나는 남이 아닌 나 자신을 기준으로 삼았다.

2014년, 아카데미 시상식에서 배우 매튜 맥커너히가 남우주연상을 수상하며 한 연설이 내게 깊은 울림을 주었다.

"존경하는 대상은 신이고, 내가 사랑하는 존재는 가족이며, 내가 닮고 싶은 영웅은 10년 후 나입니다."

그리고 덧붙였다.

"하지만 그 영웅은 언제나 10년 후에 있기 때문에 결코 도달할 수 없습니다. 그래도 괜찮습니다. 그를 따라가려는 마음이 나를 꾸준히 성장하게 만드니까요."

그는 도달하지 못해도 괜찮다고 했지만, 이 말에는 치열한 노력과 상향심이 담겨 있었다. 나도 미래의 나를 향해 뛰기로 했다.

2012년, 나는 미국에서의 안정된 삶을 정리하고 한국으로 귀국했다. 한국 치과의사 면허를 취득한 뒤, 나는 이렇게 다짐했다.

"10년 후에는 수십억 원대의 자산을 이루고, 대한민국에서 인지도 있는 치과의사로 성장할 것이다."

부를 이루기 위해서 치과의사를 택하지는 않았다. 미국에서 부자가 되려면 차라리 금융이나 IT 분야가 훨씬 유리하다. 내가 정의하는 '성공'은 부와 명예, 성취감까지 아우르는 총체적인 삶의 품격이다. 그런 삶을 이루기 위해, 나는 오직 '나 자신'을 향해 뛰었다.

그리고 10년이 지났을 때, 나는 첫 월급보다 10배 이상의 수익을 올리고 있었다. 자산도 목표 이상을 달성했다. 무엇보다 이제 한 가정의 가장으로서 책임을 다하고 있다.

그러나 여기서 끝이 아니다. 과거의 내가 지금의 나를 만들었듯, 지금의 나는 또다시 10년 후의 나를 향해 달리고 있다.

만 마흔한 살에 나는 다시 도전한다. 가족과 함께 미국으로 가서 새로운 의료 환경을 경험하며, 세계 무대에서도 통하는 치과의사가 되겠다는 더 큰 꿈을 품었다. 혼자가 아니라 가족과 함께 떠나는 이 여정은 더 무겁고, 더 복잡하다.

그러나 나는 철인이다. 포기하지 않는 사람, 오늘을 살아가는 사람이다.

이 도전은 내 아이에게 더 넓은 세상을 보여주고, 나 자신에게 더 큰 성장을 요구하는 여정이다.

미래의 나를 롤 모델로 삼는 일은 단지 이상을 좇는 일이 아니다. 그저 지금 이 순간을 더 치열하게 살게 만드는 가장 현실적인 동기다.

매일 조금씩 나아지는 나를 상상한다. 그것이 오늘을 살아가는 이유가 된다. 10년 후의 나를 그리는 일이 하루하루를 더욱 설레게 만든다.

그래서 끊임없이 성찰하며 더 나은 내가 되기 위해 노력한다. 무엇보다 도전을 망설이지 않는다. 10년 전에도 그렇게 믿었고, 지금도 그 믿음으로 하루를 산다. 그리고 당신도 그렇게 될 수 있다고 믿어 의심치 않는다.

몸도, 삶도 달려야 산다!

10대와 20대, 나는 미국에서 학업에 매진하며 치열한 시간을 보냈다. 만 스물일곱 살에 귀국해 국방의 의무를 마친 뒤, 학연과 지연이 없는 한국에서 치과의사로 자리 잡기 위해 부단히 노력했다.

2016년 2월 16일, 강남구 삼성동에 '이준호서울미시간치과'를 개원하며 첫 발을 내디뎠고, 2020년 1월에는 청담동으로 확장 이전해 '미미치과'로 새롭게 출발했다. 앞니 심미 치료와 임플란트 수술을 중심으로 진료의 폭을 넓혀가며, 다양한 환자들과 신뢰를 쌓았다.

이후 여러 학회와 협회에서 이사를 맡으며 학문적으로도 보람을 느꼈고, 2018년부터는 임플란트와 라미네이트 관련 세미나를 열어 동료 치과의사들과 경험과 지식을 나누는 기회도 가졌다. 그러는 사이, 나는 어느덧 40대가 되었고, 사랑하는 아내와 소중한 아들과 함께 안정된 삶을 살고 있음에 깊이 감사한다.

하지만 2025년 나는 또 한 번, 도전을 시작한다. 마치 서른 살에 한국에서 처음부터 차근차근 삶을 쌓아올렸듯, 다시 미국으로 가서 새로운 도전을 시작하려 한다. 미국 치과의사 면허가 있지만 보장된 직장도 없고, 낯선 지역에서 다시 처음부터 부딪쳐야 한다.

10년 넘게 한국에서 치열하게 살며 안정된 기반을 쌓았는데, 40대가 되어 다시 시작하는 마음으로, 낯선 지역으로 이주를 결정하니, 주변에서 모두 의아해했다. "왜 하필 마흔에 이런 도전을 하느냐"라고 묻는 사람이 많았다. "두렵지 않냐"며, "지금까지 한국에서 이룬 걸 왜 버리느냐"라며 고개를 갸웃거렸다.

두렵지 않다면 거짓말이다. 그러나 내 안에는 두려움을 뛰어넘는 믿음이 있다. 이 도전이 나와 가족이 꿈꾸는 가치와 의미를 가져다준다는 믿음이다. 단순히 더 나은 직업이나 자녀 교육만을 위해서가 아니다. 무한 경쟁에 지친 삶에서 벗어나 내면이 평안하고 균형 잡힌 삶을 살기 위해 내린 선택이기도 하다.

새로운 도전을 하고 싶어도 40대에는 이미 늦었다고

생각하는 사람도 많다. 나는 대체 무슨 용기로 이런 결정을 내렸을까? 답은 의외로 단순하다. 그 용기의 원천은 바로 운동이다. 미국에서 귀국해 한국에서 새롭게 도전하던 시기에도, 나에게 가장 큰 힘과 원동력은 역시 운동이었다. 30년 넘게 이어온 운동은 내 삶의 중요한 버팀목이었고, 앞으로도 똑같다.

미국에서도 나는 달릴 것이다. 철인 3종과 수영도 계속 이어갈 테다. 달리기와 수영처럼 꾸준한 운동 습관은 낯선 환경 속에서도 나를 가장 나답게 만들어주는 수단이다.

진정한 철인은 완주한 뒤 멈추는 사람이 아니라, 끊임없이 달리는 사람이라 믿는다. 이번 도전도 끝이 아닌 또 하나의 출발점이다. 새로운 도전의 중심에는 언제나 가족이 주는 믿음과 사랑이 있고, 이는 내가 앞으로 나아갈 수 있도록 이끄는 가장 큰 힘의 근원이다. 사랑하는 아내에게 진심으로 고맙다고 전하고 싶다.

마지막으로 이 책을 읽은 당신에게 묻고 싶다. 늦었다고 생각하는가? 지금 자리에서 벗어나고 싶지만, 두려움 때문에 망설이는가? 지금까지 이뤄온 걸 지키기도 벅차서, 새출발을 포기하는가?

나는 말하고 싶다. 늦은 도전이란 없다. 40대는 아직 충분히 변화할 수 있는 나이이고, 새로운 삶을 설계할 수 있다. 겉으로는 안정되어 보이는 지금이, 어쩌면 진짜 내가 원하는 삶을 향해 나아갈 가장 좋은 출발점일지도 모른다. 나도 그렇게 여기까지 왔다.

당신이 어디에 있든, 어떤 삶의 계절을 살든, 오늘 당신이 선택한 한 걸음이 언젠가 피니시 라인에 도달할 순간이 온다. 완주자로서 박수를 받는 날이 머지않아 올 것이다. 인생이라는 여정을 멋지게 완주할 당신을 진심으로 응원한다.

참고 문헌

1 Fuss, J., & Gass, P.(2023). Do endocannabinoids cause the runner's high? Evidence and open questions. The Neuroscientist, 29(2), 147–160.

2 〈지디넷코리아〉(2025.8.6). '직장인 '번아웃', 하루 25분의 중강도 운동으로 위험 낮춰'

3 〈헬스경향〉(2019.5.14). '늦어도 40대부터… 중장년층 '근력운동' 어떻게 얼마나 해야 할까?'

4 〈아시아경제〉(2025.7.11). '늙어서 운동 시작해도 사망 위험 줄일 수 있다.'

5 Festinger, L.(1954). A Theory of Social Comparison Processes. Human Relations, 7(2), 117-140.

6 The Impact of Regular Exercise on Life Satisfaction, Self-Esteem, and Self-Efficacy in Older Adults(MDPI)

7 Wikipedia contributors. (n.d.). Neurobiological effects of physical exercise. In Wikipedia. Retrieved September 13, 2025.

8 〈헬스조선〉(2024.11.19). '일본에서 화제인 '슬로우 조깅' 아세요? 고령·비만인 사람에게 적합한 다이어트 운동!'

9 KBS(2024.10.30). 〈생로병사의 비밀〉 '929회: 슬로우 조깅을 아십니까'

마흔, 달려야 산다